AF393536

© 2018 Nas E. Boutammina
Illustration : Nas E. Boutammina
Edition : BoD - Books on Demand
12/14 rond-point des Champs Elysées 75008 Paris
Imprimé par BoD - Books on Demand, Norderstedt
ISBN : 9782322118489
Dépôt légal : mars 2018

Nas E. Boutammina

De l'abomination de la Politique, des politiciens et des partis

« *Et quand on leur dit : « Ne semez pas le désordre sur la terre », ils disent : « Au contraire nous ne sommes que des réformateurs !»*

Introduction

La Politique exige de ses acteurs [politiciens et partis] que ses mots soient des actes. Ainsi, la grandeur de la Financratie passe par l'énormité du mensonge, en d'autres termes s'érige au détriment des individus laborieux, des populations, de la société toute entière dirons-nous. De là, une règle immuable qu'il n'y a pas d'empire, de royaume, de République, d'État qui ne puisse être bâtis sans la munificente imposture de la Financratie sans le solide socle de la Politique !

Il s'est conservé dans la « *conscience* » de la Politique, que l'absolue sujétion des individus à ses idées, à ses projets est en quelque sorte une libération de l'Homme, du citoyen, de la société. Détourner l'esprit de ce dernier des inclinations naturelles [la vertu de l'Ordre -de la nature, de dieu-] pour le soumettre à un régime d'abrutissement et de discipline qui le rend plus réceptif à la volonté de la Politique ou aux directives d'un parti, n'est-ce pas refuser la vérité pour les chimères « politiques » d'un monde idéal qui le comprime et le mutile ?

N'y a-t-il pas dans l'aberration de l'existence de la Politique une distinction du vrai et du faux ? La Politique, dénigreuse du premier et adoratrice du second, envenime les sociétés humaines si communément aujourd'hui qu'elle s'enivre de ses succès. Le politicien est le serviteur d'un monde qu'il identifie son temple. S'enorgueillissant d'être au haut de la pyramide et de ne prendre ses ordres que d'encore plus haut, il est le premier dans le reflet magnifique que lui reflète le miroir de la Politique.

L'idée de la Financratie est qu'elle est tout et que la population n'est rien ; tel est l'argument que véhicule insidieusement la Politique. Dans une société où l'argent a plus d'importance que l'authenticité de l'existence humaine, où il faut croire par habitude à ce qui dénigre la vie, comment les politiciens ne seraient-ils pas de tous les partis ?

Riche de connaissance sur la nature réelle de la Politique, ne peut-on pas parler de celle-ci sur un ton des plus critiques, elle qui est si suffisante, si arrogante ? On ne peut que la stigmatiser du fait qu'elle croit que toutes ses démarches et agissements lui sont inspirés et elle s'arroge le droit de les imposer.

I - Qu'est-ce que la Politique ?

« La Politique est un art si subtil qu'il n'est accessible qu'à ceux qui l'exercent depuis des siècles, selon un plan fixé. A ceux qui l'ont perfectionnée, qui la pratiquent et qui la dirigent à l'instar de celui qui conduit du bétail ! Une de nos œuvres magistrales est la Politique. »[1]

« La politique, c'est l'art de détourner l'attention ! »

A - Définition élémentaire

La fin du XVIIIe et le début du XIXe siècle annonce la prise du Pouvoir [Affaires publiques : socioéconomiques, législatives, culturelles, etc.] par les financiers, les banquiers[2]. Désormais, c'est l'Autorité de l'Argent et donc l'avènement de la Finance : la *Financratie*[3] !

Par « *financiers* », on entend les banquiers, les individus fortunés qui détiennent le monopole des banques

---

[1] E. RAD, « Satan, le Maître du monde », Edit. BOD, 2010.

[2] *Banquier.* Il ne s'agit pas ici du simple employé au guichet ou du salarié responsable d'un bâtiment où est installée une banque ou une de ses succursales.

Banque. Service privé se chargeant des opérations de dépôt, d'achat, de prêt, de vente, auxquelles donnent lieu le commerce de l'argent et des titres négociables.

[3] *Financratie.* Système de gouvernement sans contrôle, ni partage, qui trouve en lui-même sa propre légitimité et dans lequel le pouvoir est exercé par les représentants de la Finance [financiers-banquiers] qui détiennent inaliénablement l'autorité d'émission de la monnaie [comme moyen privé d'échange, de paiement et d'épargne] et qui en font leur commerce.

d'émissions [la *frappe* de la monnaie[4]], disposent et commercialisent la monnaie, qui spéculent[5] de grandes affaires d'argent. La monnaie est un instrument et il est la propriété exclusif, inconditionnel et inaliénable des financiers. Il leur assure l'exécution des obligations de sommes d'argent et sert d'étalon de valeur [estimation des biens, des services, etc.]. Naturellement, il est primordial pour la Finance d'imaginer et de mettre en œuvre le Système, « *Son Système* », c'est à dire un ensemble de corps et de doctrine, des constructions théoriques pratiques cohérentes qui rendent compte d'un vaste ensemble de projets afin que la Finance parvienne au pouvoir suprême : gérer et contrôler les affaires publiques et, de ce fait, l'existence des individus et des sociétés. L'un des éléments du Système se présente sous la dénomination de Politique. De ce matériau [Politique] fut extraite des agents [politiciens] assemblés en groupes [partis politiques] qui vont orienter et concrétiser ce que les Financiers ont projeter de réaliser, en usant de tous les moyens que ces derniers mettront à leur disposition afin de parvenir à leur réalisation.

La Politique est fondamentalement ce vers quoi la Finance tend et qui constitue son essence véritable !

La Politique, c'est un ensemble de moyens, de procédés, de conceptions ou théories réfléchis par lesquels un groupe d'individus diaboliques [Stratèges, Théoriciens et

---

[4] *Monnaie.* Unité monétaire particulière ayant cours dans un pays donné ou dans une communauté économique.

[5] *Spéculer.* Faire des opérations financières, commerciales pour tirer profit des variations du marché.

Idéologues de la Politique et de la Finance] tendent à parachever leurs projets, leurs œuvres en cherchant à les atteindre par un résultat dans les affaires publiques, les entreprises et les pratique du gouvernement de l'État. C'est le but que les êtres machiavéliques [diables] visent ; l'objectif qu'ils se fixent par une conduite effective sournoise menée, suivant des principes démoniaques, par les gouvernants d'un État en particulier et de tout adepte de la « *Politique* » en général [Président, Ministres, Hauts fonctionnaires d'Etat, Sénateurs, Députés, Maires, Dirigeants des partis politiques, etc.].

La Politique se définit, depuis les débuts de son institutionnalisation complète [fin XVIIIe siècle], comme l'accaparement de la pensée, de la structure fondamentale de la *nature*[6] humaine de la population ou plèbe. Elle aspire à comprendre la vie des hommes en société, laquelle constitue pour elle le critère fondamental.

La Politique développe ainsi ou du moins implique une référence à l'histoire, ce mot étant pris au sens le plus large : histoire des religions, des mœurs, du sentiment, des formes du travail social, etc. La Politique saisit la pensée dans son époque mais elle est réactivée, repensée lorsque les conditions ont changé.

---

[6] *Nature*. Caractère de sincérité, de vérité. Principe normatif découlant de l'essence humaine. Dispositions psycho-physiologiques dominantes qui déterminent la personnalité d'un individu. Ensemble des qualités, des propriétés qui définissent un être, un phénomène ou une chose concrète, qui lui confèrent son identité. Ensemble des caractères qui définissent l'homme, considérés comme innés, comme indépendants à la fois des déterminations biologiques et des déterminations sociales, historiques, culturelles.

Etymologiquement, le terme « *Politique* », provient du grec « *polis* » qui signifie « *cité-État* ». En effet, pendant l'Antiquité les grecs s'organisent en cités-États, c'est-à-dire en villes indépendantes. Celles-ci étaient composées de champs cultivés par les esclaves et d'une ville fortifiée, c'est-à-dire entourée de remparts. Les cités-États étaient généralement exposées face à la mer. Chaque cité-État était exclusivement gouvernée par des rois ou des familles riches et étaient sous la protection des dieux. Chacune de ces grandes villes grecques possédait sa propre monnaie et ses propres lois. Phocée, Athènes, Thèbes, sont des exemples parfaits de cités-États.

Riche de cette observation, il est aisé de remarquer un fait ô combien indéniable, la reproduction moderne du système socio-gouvernemental : la cité-Etat ! Ainsi, la cité représente le pays et l'Etat son entité exécutif [pays-Etat] gouvernée exclusivement et de manière parfois occulte, indirecte par des *Financiers* [*Financrates*]. Les financiers comme cela a été souligné plus haut sont ces individus *hyperfortunés* qui détiennent l'industrie de l'argent, c'est à dire l'ensemble des activités commerciales de celui-ci caractérisées par la centralisation des moyens de production de la monnaie et ayant pour objet l'exploitation du commerce global et par là de la mainmise absolue de l'économie. Le hobby de ces Financiers et Banquiers [les deux termes se confondent] est la *spéculation*[7] de grandes affaires d'argent. Ainsi, ils ont remplacé « *les rois et les familles riches* » des cités-Etats de l'Antiquité. De ce fait « *Politique* »

---

[7] *Spéculation.* Opérations financières, commerciales pour tirer profit des variations du marché.

s'oppose à « *communauté* » ; ce n'est que pour pouvoir y installer sa préséance sur une société animalisée, à plus forte raison dans des sociétés humaines hautement contrôlées sur les plans administratif, technique, culturel, religieux. Ainsi, son pouvoir y est considéré comme sacré, divin, éternel.

Si nous avons l'illusion de percevoir des luttes entre partis [clans, groupes, classes] ou une pluralité d'unités politiques c'est pour pouvoir mieux soumettre toute la masse populaire, là où, pour le dire autrement, la Politique est l'art de formater le citoyen avec comme moyen d'y parvenir à grande échelle : l'État [Institutions, Constitution, etc.]. Et pour cause, celui-ci est lui-même un aspect fondamental de la vie humaine.

La Politique est la recherche de ce qui constitue l'État en tant qu'Autorité qui contrôle une population, qui permet à celle-ci d'obéir à des décisions engageant sa vie, sa destinée.

Qu'est-ce que l'État ? Ce n'est qu'une abstraction. Ce ne sont que les décisions, c'est à dire la Politique, prises par des individus constitués en partis ou en groupes opérant d'un commun accord : comment leurs décisions sont-elles prises ? Sur quoi portent leurs choix ? Quand les prennent-ils ? Dans quelles limites leurs choix sont-ils poussés ? La série des questions apparaît infiniment vaste ; elle se réduit cependant à ce que l'on peut désigner par l'idée de Pouvoir ou de l'Autorité [l'exercice du Pouvoir]. Seul l'exercice du pouvoir, c'est à dire la possibilité d'un seul ou d'un groupe particulier d'individus diaboliques de prendre des décisions effectives au nom de la masse, de la population Cette dernière pense-t-elle à la garantie de son unité et de son autonomie ? En ce sens, l'État est l'instrument de la

Politique qui elle-même est l'outil des individus au sein d'un parti qui leur permet de réaliser le but qu'ils visent. En d'autres termes, il s'agit de l'ensemble organisé des méthodes et des procédures du pouvoir des partis politiques destinées à éliminer ou à résoudre les conflits [internes ou externes ; nationaux ou internationaux] en provenance des populations. Depuis que, les partis politiques se sont accaparés les rênes du Pouvoir [Etat], des communautés ont été agencées en société de travail sous commandement central, une entité que tous les politiciens et tous les partis convoitent : l'*État*. Celui-ci à pouvoir sacré. Une conception populaire de l'État ne s'y entrevoit nullement. Les partis politiques découvrent très tôt la multiplicité des formes dans lesquelles ils vont exercer le Pouvoir qui devient le rôle central de leur capacité à concrétiser leurs projets, leurs œuvres. Ils sont incapables de penser à la question de son mauvais usage. En effet, tout parti, tout adepte de la Politique aspire aux avantages et bienfaits que celle-ci procure à son détenteur : richesse, considération, gloire, en somme toutes les satisfactions qu'en tirent l'ego.

Ce qu'ils les lient entre eux, c'est la Politique, technique pour la conquête d'un pouvoir sacralisé. Les individus qui forment les partis sont par essence en rivalité entre eux et ne peuvent que conduire au principe d'un jeu auquel ils sont tous conviés, celui de la soi-disant opposition des factions, un jeu de dupe, un spectacle en l'honneur de la population stupide. Le bien de l'État est le seul vrai bien de la Politique et de ses adeptes, ceux du moment qui disposent du pouvoir à un moment donné et qui détiennent ainsi le moyen à une période précise de leur mandat. L'un des sujets de la Politique est de faire croire et c'est ce qui découle du principe même de l'intérêt général d'un parti que celui-ci se place au-dessus de tout intérêt de faction ; sinon, le cas échéant, une partie de la population [celle qui est fidèle au parti] vindicative s'arrogera elle-même du droit d'incarner une sorte de « *police politique* » qui lynchera les opposants qui ont été débusqués. La loi est le moyen que l'Etat dispose afin de parvenir et de garantir une telle union sans discussion ouverte. Cette méthode révèle et élimine ainsi la position de la population qui n'a rien à dire de toute évidence.

La dialectique de la Politique est de chercher des thèmes universellement acceptables par l'individu, la population. Le problème spécifique de la Politique est que l'absence de conflits sociaux conduit à présenter l'État comme le bon Pouvoir et la politique menée comme la méthode indispensable afin de concevoir la bonne Constitution pour la population. Dans l'esprit des partis politiques, la Constitution n'est pas seulement le règlement juridique de l'exercice de leur pouvoir, elle leur octroie le droit de piloter la totalité des plans de la vie des citoyens : moral, socioéconomique, religieux, culturel, etc. Dans l'absolu, le citoyen n'a pas d'existence en dehors de l'Etat donc de l'idéologie des partis. Par la loi qu'il imagine et qu'il impose, l'État est l'endoctrineur de ses citoyens. Il repose sur ces derniers qu'il a endoctrinés. En général, les partis politiques se considèrent telles des entités « *biologiques* » dont la constitution est semblable à celle d'un être vivant et qui se sait vivant que dans tous les membres de son unité. De ce fait, lorsqu'un parti politique est au pouvoir, il se sert de la machinerie étatique et les moyens de la Politique pour recruter encore et toujours plus d'adhérents, d'adeptes, de militants afin de garantir la pérennité et la puissance du parti, donc de son pouvoir, de son autorité et finalement de sa viabilité.

B - Relations publiques

Par le terme « *populace* » on désigne l'ensemble d'individus investi traditionnellement de toutes les tares de la société et capable de tous les excès. Par extension, il s'agit de la partie la plus défavorisée économiquement, culturellement et socialement de la population. Le développement des procédés et des techniques d'études et d'information, ainsi que les buts poursuivis sont liés aux moyens utilisés par les partis politiques pour accéder à la puissance et contrôler la population en arborant leur image dans l'opinion publique. Pour retrouver la sympathie du public, il faut engager une des facettes de la Politique : s'appuyer largement sur les techniques de communication. Cette dernière est simplement l'art de présenter aux gens la facette qu'ils veulent voir des partis politiques et de les inciter à les rejoindre. Mais, par-delà cette définition, l'idée fondamentale est de faire apparaître au public que tel intérêt privé du parti politique coïncide avec l'intérêt général.

La Politique est la manière sournoisement sophistiquée de la cordialité ou de la manipulation par persuasion médiatique !

La Politique use de techniques et d'affirmations destinées à imprégner les masses d'idées, généralement symbolisées pour gagner en efficacité. Selon, ses

promoteurs, les *Stratèges*[8] [par ex. A.J.], les *Idéologues*[9],
Théoriciens[10] politiques et financiers [généralement ils
cumulent tous ces titres] imaginent et créent les politiciens
ou devrions-nous dire *politicards*[11] qui est un vocable des
plus adéquats pour définir les « *techniciens* » ou
« *professionnels de la Politique* ». Ainsi, elle [Politique] omet
de dire la vérité, libre à la pensée de chacun de s'en faire une
idée. C'est la raison pour laquelle les professionnels de la
politique se définissent eux-mêmes comme des « *individus
publics* », des communicateurs des relations humaines,
gérant tout à la fois l'information interne du parti, la
communication au sein de sa structure et son image
extérieure. Ces concepts mettent en évidence l'importance
de la communication comme facteur de bon
fonctionnement et de réussite du parti politique vu comme
une entreprise. Les moyens employés sont nombreux et son

---

[8] *Stratège*. Individu qui conçoit avec compétence et habileté des plans à longue échéance lui permettant de maîtriser l'ensemble d'une situation et d'en tirer le meilleur parti.

[9] *Idéologue*. Celui qui formule et développe un système d'idées, une doctrine.

[10] *Théoricien*. Individu qui élabore, professe, défend les principes d'une théorie sur un sujet donné.

[11] *Politicard*. Individu qui se mêle de Politique, qui pratique la politique. Ce terme a une connotation des plus correctes par rapport à « *politicien* » et « *homme politique* », mots prétentieux, signalant des airs hautains, fiers, arrogants, pour épater la foule, l'auditoire. De même ces expressions vantent de façon outrancière des qualités ou des actions imaginaires, ils cherchent à s'imposer par le verbe ou l'attitude en exagérant ou en imaginant le caractère de leur ego et sa véritable nature. Ainsi, le terme « *politicard* » définit quelqu'un qui tient des propos fallacieux, sans valeur. Par extension, individu qui s'adonne et s'abandonne au système politique pour tromper autrui, souvent en vue de servir ses propres intérêts et celui de son parti politique.

utilisés en fonction du but recherché, et aussi du budget
affecté à l'opération [conférences de presse, réceptions,
voyages et visites d'information, colloques, etc.] constituent
des moyens de présence physique du parti à partir desquels
sa politique de contacts avec les « *ferments* » ou les « *relais* »
de l'opinion, les journalistes, pourra prendre son essor. La
communication d'informations [numériques, audiovisuels,
écrites, documentaires, etc.] permet de maintenir
constamment le contact direct et de souscrire à l'accès de
l'information et des directives internes au stade public.

« [...] *Je veux parler de la gestion de ce bétail humain. Seuls
nos adeptes parmi les humains qui sont initiés à l'abécédaire du
pouvoir et de l'art de gouverner sont capables de saisir le sens des
termes constitués par l'alphabet politique !* »[12]

---

12 E. RAD, « Satan, le Maître du monde », Edit. BOD, 2010.

II - Qu'est-ce qu'un politicien ?

« Les individus qui sont choisis pour l'exercer [*la Politique*] *adroitement ne peuvent qu'appartenir à la lie humaine. En effet, c'est l'un des critères pour la sélection des candidats ! Prenez l'être le plus abject de l'Humanité, faites-lui ressortir son immoralité, sa perversion et son narcissisme et vous ferez un politicien de premier choix. Plus le degré de décrépitude est élevé et plus doué il sera en politique ! Comment peut-on prétendre à être un politicien et détenir un noble caractère ? Il est pourtant évident qu'un politicien ne peut aucunement être une personne bienfaisante, c'est antinomique !* »[13]

A - Qu'est-ce qu'un politicien ?

Le mot « *politicien* » est par définition : « *Personne qui s'occupe de politique à titre professionnel, en connaît et en utilise toutes les intrigues* ». Quant au terme « *politique* », il signifie : « *Relatif aux affaires de l'État et à leur conduite. Par extension, qui exerce son action dans le domaine des affaires de l'État donc des affaires publiques* ».

Toutes les sociétés ignorent sous-estiment ou sont indifférentes à la malfaisance des professionnels de la Politique ou politiciens. Dans la tradition judéo-chrétienne, le politicien type devint un modèle qui s'est imposé au reste du monde, toutefois, une telle ignorance s'est structurée au cours du temps de manière originale d'une part autour d'une structure ou organisation, le parti politique, et d'autre

---

[13] E. RAD, « Satan, le Maître du monde », Edit. BOD, 2010.

part, à travers la figure d'un chef charismatique de parti politique. Ce caractère se dégage de la comparaison avec des figures analogues qu'on peut observer dans la culture religieuse populaire : le *diable*, le *démon*, etc.

Esquissée dans l'histoire des sociétés contemporaines, la figure du politicien a été progressivement embellie par la machinerie médiatique ; cependant, le problème doctrinal du politicien a toujours été complexe car appartenant aux rouages du clientélisme, de la finance et aux arcanes des secrets. Il ne s'agit pas là d'un objet qu'on puisse décrire en lui-même lorsque l'on parle de politicien, mais d'une représentation qui ne se comprend que dans le contexte des notions d'*Ordre*[14] et de *Désordre*[15].

1 - Le politicien dans la conscience collective

On ne trouve nulle part de doctrine élaborée et systématique sur l'emprise des masses d'individus. La Politique, via les partis, permet au politicien de mystifier son existence et faire, à titre d'épreuve la société humaine comme terrain de chasse. L'accent est mis sur le contrôle de la foule et sa mise en avant, pour souligner son pouvoir de fourberie, c'est à dire en déversant un flot de paroles motivé

---

[14] *Ordre*. Ensemble de lois régissant l'univers. Disposition, distribution dans l'espace conforme à une loi, à des règles. Organisation, présentation des idées ou des faits de façon logique ou rationnelle

[15] *Désordre*. Par ce terme, on entend tout ce qui est négatif, dégradant, perverti, destructeur, vile, etc. Absence, rupture ou mépris d'une règle morale, manquement aux finalités de la vie morale et sociale. Bouleversement profond, corruption, rupture de l'*ordre naturel* dans l'environnement [nature -faune, flore-, etc.], dans un groupe social, la communauté humaine, etc.

par le désir de convaincre, de duper ou de séduire. Les politiciens ne sont-ils pas d'infatigables bavards professionnels ?

L'observation, l'analyse, et le raisonnement n'insistent-ils pas sur la nature du politicien sur le Faux, le Mauvais, le Malin, le Diable, en tant qu'opposant à la bonté humaine, c'est à dire à ce caractère qui est conforme au bon, au bien, aux valeurs morales reconnues favorables à l'épanouissement de l'Homme.

Si l'origine du politicien et ses actions restent voilées, sa soif de désir sur ce monde [pouvoir, autorité, richesse, gloire, etc.] est par contre largement souligné. Ces données se précisent, dans la mesure où elles sont situées dans l'histoire évènementielle du Désordre.

La Politique se définit comme déviation de l'humanité à but oppressif et esclavagiste. Aussi son étude systématique [Université, Ecole, Institut, etc.] s'est-elle donnée pour objet d'offrir une légitimation et ainsi une institutionnalisation. C'est ainsi que doivent être comprises les œuvres des partis politiques et des divers politiciens qui se sont assignés pour tâche de dresser la Politique à la fois comme une règle de conduite, une méthode d'accès au pouvoir [Etat], un savoir-faire à prodiguer dans la gestion des affaires publiques et un modèle de gouvernement de la citée idéale, etc.

Il est à noter que la Politique concerne aussi bien l'objet public que sa pratique elle-même car elle suppose un ordre naturel d'un bas instinct. Tout politicien serait donc lié à une sorte de dégénérescence morale dont il est aisé de déceler par ailleurs sur lui les stigmates de son parti, et pour laquelle il faudrait invoquer une personnification, ou pour le moins un symbole transmissible.

2 - *Le politicien vicié par l'obsession de son objet*

L'apparente objectivité du discours politique est fortement entachée par la pression disciplinaire qui pèse sur le politicien. Il est d'observation courante que toute vie politicienne qualifiée de « *service public* » est en réalité un ensemble de pratiques empruntant peu ou prou aux actes ou aux fantasmes du parti. On peut même dire qu'une action politique qui prétendrait coïncider exactement avec la visée de la population ne pourrait être que le fait de mystifications majeures portant à feinter et à s'écarter de la vérité.

L'étude de l'univers de la Politique s'établit avec d'autant plus d'intérêt par l'observation directe des politiciens eux-mêmes. Le politicien ne peut prétendre rester objectif que devant les paires de son parti. Le sympathisant ou l'observateur est intéressé, séduit ou « *perverti* » par celui-là même qui s'érige en citoyen exemplaire, représentant de la population : le politicien.

La déontologie invoquée par l'appareil coercitif de son parti ne serait ainsi que faux-semblants destinés à assurer la bonne conscience de ceux qui s'abritent derrière des lois qu'ils fabriquent et qui sanctionnent. Il est de fait que les mesures prises en ce qui concerne la gestion et les pratiques politiciennes des affaires publiques n'entraînent que bouleversement, régression importante des hautes aspirations humaines, ainsi qu'une diminution non moins notable de l'intérêt porté au public à l'égard de la réflexion sur l'idéologie des politiciens. On ne saurait donc parler de la Politique aujourd'hui sans tenir compte de ce très important courant qui porte à l'aliénation des individus, et qui s'accentue à mesure qu'on discerne qu'il n'y a pas de sujet relatif à l'existence de la société qui serait inaccessible à l'appétit de la Politique. De même, il n'est pas possible de tenir pour faux le fait que l'on puisse créer une société humaine sans politicien, ni Politique et ni partis ; car ceux-ci appartiennent au patrimoine du *Désordre* commun.

Une hypothèse originale conduit ainsi à considérer le politicien comme un être polymorphe, c'est-à-dire capable de s'adonner à toutes les inclinations, lesquelles peuvent être exaltées donc sous forme d'accès au Pouvoir [politique]. Le politicien est interprété comme l'agent d'un refoulement excessif des pulsions diaboliques, alors que l'accès à l'Autorité serait une mise en acte de ces mêmes pulsions qui normalement sont sujettes à rester inconscientes et muettes, inhibées.

C'est par le raisonnement scientifique, que l'on doit une approche véritablement féconde de la compréhension du politicien et de la Politique. Le politicien n'est pas frappé par la gêne, le remord, la culpabilité de mal agir vis-à-vis des affaires publiques et donc d'autrui, mais il découvre qu'il n'a de compte à rendre qu'à son parti sauf car celui-ci est apte à le juger, à le désavouer ce qui implique pour lui une position subjective à l'égard de la population.

Le rapport du politicien à la Loi est particulièrement significatif. Loin de l'ignorer, le politicien provoque et défie la Loi. Par là, il s'assure de sa présence par un passe-droit, privilège qui lui rappelle qu'il est uni à un ensemble le parti politique qui le soutient.

Mais le politicien, s'il nargue l'appareil législatif de la société, il est également soucieux d'établir les fondements mêmes de toute Loi, et il devient volontiers moraliste au regard de la population. Tout politicien est un prêcheur, et en tant que tel, il se considère volontiers une vocation d'éducateur ou d'inspirateur, de novateur.

La remise en cause des valeurs humaines l'incline à réformer et à réinterpréter la réalité communément admise dans une transfiguration mystico-politique. Aussi certaines activités politiques de cet ordre sont-elles particulièrement recherchées par le politicien, qui y excelle. Ce n'est pas un hasard qu'il s'affuble du titre de politicien !

Bien qu'il est inutile de s'attarder ici sur les divers aspects de la structure de l'esprit politicien, il conviendrait tout particulièrement de souligner la place éminente qu'occupe la délectation d'être politicien, savourant les bienfaits des privilèges en tant que membre influent d'un parti politique [il est nullement question ici de l'adepte anonyme, colleur d'affiches]. Ce trait de caractère compulsionnel représente pour le politicien un mode de vie, une expérience extrême qui constituerait ainsi la véritable épreuve de réalité.

Il est intéressant de situer le politicien moins par rapport à sa pratique « professionnelle » qu'à son utilité réelle, le parasitisme social, celui en particulier qui passe sous silence

et donc moins repérable : sa structure *névrotique*[16] et
psychotique[17].

3 - La vraie nature du politicien

C'est l'idée de secret qui frappe évidemment tout de
suite l'individu qui raisonne, l'individu qui est doué
d'intelligence qui se penche si peu soit tant sur le monde du
politicien. Celui-ci est obscur, réservé aux seuls initiés tout
comme les fonctions au sein du parti politique dont les
projets réels ne sont connus que d'un nombre limité de
personnes. En effet, les connaissances, les informations sont
réservées à des initiés, à des confidents qui deviennent des
agents de la haute administration ou du gouvernement si
leur parti triomphe aux élections !

Bien peu de gens savent que les politiciens sont des
adeptes zélés de la doctrine secrète. Le monde de la Politique
ne subsiste que par et pour le secret et l'obscur. Si le secret
est fondamental dans les discours et les pratiques des affaires
publiques, à plus forte raison est-il capital dans les hautes
sphères des partis politiques.

Mais qu'est-ce qui se trouve ainsi transmis par le
politicien ? De l'espoir grâce auquel ce dernier parviendrait
à reconstruire la virtualité en réalité universelle. La

---

[16] *Névrotique.* Relatif à la névrose qui est l'affection psychique caractérisée
par l'absence de lésion ou de trouble organique et ayant ses racines dans
l'inconscient du sujet qui présente des troubles mineurs du comportement,
conserve la conscience du caractère morbide de ses troubles.

[17] *Psychotique.* Relatif à la psychose qui est une affection psychique grave,
dont le malade n'a pas conscience, caractérisée par une désintégration de la
personnalité accompagnée de troubles de la perception, du jugement et du
raisonnement.

population est sujette au fait d'espérer, d'attendre avec confiance la réalisation dans l'avenir de quelque chose de favorable à leur existence, généralement précis ou déterminé, qu'elle souhaite, qu'elle désire. C'est sur cette corde sensible de l'espérance que le politicien va exercer son talent de virtuose.

Il importe tout de suite, pour éviter tout contresens, de préciser que le politicien se situe dans un univers idéologique sans commune mesure avec celui du reste de la population. En effet, le politicien voit ses actions et ses discours comme intègres et salvateurs.

L'exposition d'idées politiciennes est une chose qui peut s'inventer ou se créer artificiellement en rassemblant tant bien que mal des éléments empruntés à diverses chimères populaires. Le politicien ne constituera jamais qu'une illusion sans valeur et sans portée, et ce sont là des fantaisies qu'il convient de laisser aux partis politiques. C'est l'une des raisons majeures pour lesquelles le politicien contemporain s'évertue avec une si grande vigueur et par ses nombreuses tentatives arbitraires de procéder par une synthèse unificatrice autour de de son intérêt personnel [et celui de son parti, les deux intérêts se confondent] en faisant croire qu'il est d'intérêt général.

A partir du symbolisme des légendaires *démocratie, liberté, égalité, justice, liberté*, etc. la synthèse unificatrice s'effectue essentiellement de l'intérieur du et pour le parti politique. Il faut dire par là qu'elle consiste proprement à filouter la population dans l'unité de leur principe même, et à les unir ainsi, ou plutôt à prendre conscience de leur union

réelle en vertu d'un lien tout occulte, inhérent à ce qu'il y a
de plus profond dans la nature du politicien.

Il serait tout à fait absurde, dans une telle perspective, de
prétendre que le politicien ne puise pas librement dans les
diverses formes des valeurs humaines pour développer son
emprise occulte. Il est évident que le politicien peut,
lorsqu'il s'est engagé, à suivre sa « *politique* » jusqu'au bout
et sans jamais s'en écarter. La situation est telle que dans
chaque société et selon les pays la Politique vampirise les
masses et, est toujours greffée sur le politicien qui la
véhicule, l'enveloppe de toute part. Les tendances
idéologiques [politiques] se posent en adversaires des
croyances en les valeurs humaines.

Aux yeux de la raison, la notion même de politique est
considérée comme aberrante. Les valeurs humaines,
héritage originel sacré, autant que les qualités morales
contiennent toujours la vérité qu'il appartient donc au
politicien de les détourner et de les adapter à son propre
intérêt, à celui de son parti. Telle est la caractéristique
majeure de la pensée du politicien par rapport aux diverses
formes d'opinions, d'idées présentes chez tout individu qui
raisonne : chacune d'elles est parfaitement légitime ; mais
les doctrines, les préceptes, les règles, etc. du parti politique
leur sont toujours supérieurs.

Il conviendrait de faire remarquer d'autre part que, si
l'existence du système politique est une constante
universelle du *sophisme*[18], toutes les formes discursives du

---

[18] *Sophisme*. Argument, raisonnement ayant l'apparence de la validité, de
la vérité, mais en réalité faux et non concluant, avancé généralement avec
mauvaise foi, pour tromper ou faire illusion.

politicien ne méritent pas, en bonne logique et stricto sensu, le qualificatif d'honnêtes.

Les adversaires de la Politique et des partis s'appuient volontiers, pour tenter de les réfuter, sur le caractère, à leurs yeux, si diabolique, si résolument mauvais de l'exercice du pouvoir, de la conduite des affaires publiques, de l'Etat. Tel est le point de vue des gens qui raisonnent, des gens doués d'intelligence qui voient la Politique et les partis politiques comme un ensemble de systèmes transcendants le Désordre et qui se révèle en le politicien et qui par lui se communique aux individus, à la population, à la société toute entière.

Les théoriciens de la Politique instaurent une barrière radicale entre celle-ci et le monde populaire en s'efforçant d'atteindre par des voies détournées les penchants et les désirs de ce dernier.

Ce n'est pas un abus de langage de dire que les mots « *filou* » et « *politicien* » se trouvent si volontiers confondus de nos jours. Aucune différence majeure entre les deux termes. Qui dit politicien sous-entend ipso facto l'indissociable complémentarité des formes « fausses » et des noirceurs profondes qui prennent appui sur celles-ci. Le politicien se pose comme une sorte de champion séculier des réformes.

En jugeant l'attitude nuisible du politicien comme révélatrice d'une malhonnêteté inavouée, c'est de vouloir appliquer au domaine de la masse les méthodes que le parti emploie pour édifier ses théories quelconques. En effet, un principe universel du Désordre ne peut qu'inférer sur le monde spirituel par des moyens évidemment erronés. On y voit un mélange confus d'aberrations groupées tant bien que mal autour de deux ou trois idées qui sont d'origine toute générique et purement symbolique [liberté, démocratie, égalité, etc.]. La Politique elle-même apparaît comme un ensemble d'attitudes terrifiantes tant la codification méthodique et précise de ses principes directeurs et de son champ d'application, grâce à un effort acharné pour arracher les gens de leur humanité.

4 - La Politique tradition oscillatoire

L'ensemble « *Politique, politiciens, partis politiques* » est un système idéologique professionnel de contrôle et de direction des affaires publiques à transmission oscillatoire cyclique. Par « *oscillatoire* », on entend que ce système [« *Politique, politiciens, partis politiques* »] se déplace alternativement, et plus ou moins régulièrement, de part et d'autre d'une position de gouvernance. Cette dernière est uniquement régulée par la variable ou le paramètre temps, c'est à dire la durée d'un mandat présidentiel puis recommence, c'est pour cela que l'on parle de *mouvement oscillatoire*[19] ou *cyclique*.

Un fait important est à noter dans la phrase ci-dessus, le terme « *Politique* » est au singulier, car en effet, il n'existe qu'une seule Politique, alors que les mots « *politiciens* et *partis politiques* » sont au pluriels, donc nombreux afin de

---

[19] *Oscillatoire*. Qui est de la nature de l'oscillation, c'est à dire mouvement d'un corps qui se déplace alternativement, et plus ou moins régulièrement, de part et d'autre d'une position d'équilibre. Mouvement de va-et-vient d'un corps qui se déplace. Va-et-vient entre deux ou plusieurs tendances. Tendance qui change de direction au bout d'un certain temps. Alternance plus ou moins rapide [droite, gauche, républicain, démocrate, puritanisme, liberté des mœurs, etc.].

donner l'illusion à la populace qu'ils sont là pour satisfaire leurs tendances « *idéologiques* », leurs diverses opinions, des courants de pensée variés.

Ainsi, les politiciens et leurs partis sont sujets à un mouvement de va-et-vient d'une période [durée d'un mandat gouvernemental] à une autre qui se déplace, mais la « *Politique* » elle, elle est immuable. Les politiciens occupent le pouvoir étatique et imposent l'autorité de leur parti politique suivant toujours un même mouvement. Au gré du mandat électoral, ces derniers occupent des postes gouvernementaux dans un sens puis en sens inverse selon un itinéraire de conduite idéologique invariable.

L'ensemble de moyens consacré par les partis politiques est pensé, fabriqué de telle sorte qu'ils facilitent la prise de conscience de leurs principes immanents. Ces derniers sont, selon eux, d'ordre universel, puisque le citoyen ou le plébéien ne s'est pas octroyé à lui-même un sens à sa vie. L'idée capable d'évoquer ce que le mot signifie, serait celle d'une relation de maître à esclave, d'une influence réformatrice semblable à la divinisation aussi consubstantielle que l'âme au corps.

Dans l'étymologie même du mot *politique* emprunté au latin *politicus* [*-a, -um*] : « *relatif au gouvernement des hommes* », il y a cette notion de rénovation, de promouvoir cette idée de Sauveur, de Messie, de Rédempteur. En effet, ici, le politicien via son parti réalise la rédemption, apporte le salut. Il est celui qui sauve les hommes, la société, il est la personne qui apporte une régénération, des valeurs nouvelles, le bien social. C'est là un principe à ne jamais perdre de vue.

Si les partis politiques convergent tous vers le même noyau central de la Politique, les mêmes partout et toujours, on retrouve la nécessité d'une préalable et complète connivence occulte. Contrairement à ce que laisserait supposer la soi-disant transparence des partis politiques, l'étude approfondie de la nature de ces derniers nous mettrait à même de nous rendre compte de leur connivence.

« Comment un malvoyant peut-il en guider d'autres ? L'arriviste issu de la populace, aussi doué et talentueux soit-il, s'il n'est pas initié à la politique... par politique, j'entends l'art de tromper autrui, ne peut aspirer la mener, sans risquer d'égarer tout son cheptel ! »[20]

---

[20] E. RAD, « Satan, le Maître du monde », Edit. BOD, 2010.

III - Qu'est ce qu'un parti politique ?

« *Une chose est sûre et cela est démontrée quotidiennement : qu'un abruti soit initié par nos soins à la politique et il est apte à gouverner. Alors qu'un non-initié, aussi génial et talentueux soit-il, s'il n'est pas formé dans le secret de l'initiation, il ne pourra que s'égarer dans les multiples méandres des routes que nous lui traçons !* »[21]

A - Parti politique

« *Parti politique* », voilà une expression familière pour l'appellation d'une organisation. Celle-ci est un ensemble structuré d'individus et de services formant une association ou une institution ayant des buts déterminés, des projets pour l'humanité. Par métonymie, il s'agit de cette association, de cette institution. En d'autres termes, le parti politique est donc une organisation dont les membres, animés de convictions et d'opinions communes, les font connaître et les font imposer par divers moyens de propagande sournois [médias, culture, éducation, etc.] à l'opinion publique et mènent diverses actions en vue de les faire triompher sous la forme d'un programme de société, d'un idéal social, d'un avenir pour l'Humanité.

La Politique est synonyme de privilège. Elle se confond avec la Finance. Elle a été crée par et pour les privilégiés

---

[21] E. RAD, « Satan, le Maître du monde », Edit. BOD, 2010.

[Financrates][22] ceux-là mêmes qui sont à l'origine des partis politiques directement ou indirectement. Ces derniers sont par nature l'union d'une poignée d'individus [privilégiés] en lutte contre d'autres, la masse [populace, plèbe], qui ont un intérêt, une opinion contraire. A cet effet, cet ensemble de personnes ayant des opinions, des positions communes et un même sens d'action suivent inconditionnellement une ligne de conduite, à savoir : « *la fin justifie les moyens* » !

Ce type d'organisation [parti politique] est visible dans des sigles transformés en acronymes et envahissant voire infectant l'existence quotidienne des hommes. Apparu essentiellement à la fin du XIXe siècle dans le vieux contient, en Europe puis ayant émigré aussitôt en Amérique du Nord où il s'imposa ; puis, à la fin du XXe siècle, il gangrena plusieurs régions du monde [Amérique latine, Europe de l'Est, Afrique, Asie, Moyen-Orient, etc.], lors des soi-disant « *transitions démocratiques* » et de la décolonisation. La matière *systémique*[23], la Politique, est en effet presque inépuisable, car il se crée continuellement des organisations se désignant « *partis* ». Ce type de regroupements intervient par son discours doctrinal ou idéologique [la Politique] dans maints domaines sociaux en saisissant de nombreuses circonstances [élections, mobilisations, formation de gouvernements, affaires publiques, etc.]. Aucun espace

---

[22] Nas E. Boutammina, « Le Livre bleu - I - Du discours social », Edit. BoD, Paris [France], juillet 2014.

[23] *Systémique*. Construction de l'esprit, ensemble de propositions, de principes et de conclusions, qui forment un corps de doctrine ; en particulier, construction théorique cohérente, qui rend compte d'un vaste ensemble de phénomènes.

existentiel n'échappe à son emprise. Dès lors se pose la question de la signification des partis, ce qu'ils sont réellement. En effet, comprendre les partis exige naturellement de définir cet objet mais également la manière dont cette appellation a été historiquement employée et sous quels aspects les partis se sont constitués dans les sociétés humaines actuelles. Sociologiquement, les réalités des partis politiques sont multiformes. Ce sont des entités agissantes qui se servent sournoisement des relations sociales en s'appuyant sur le jeu des rivalités des individus qui les font exister. Quoi qu'il en soit, les partis varient selon leur degré de parasitage entre eux et la société que ses porte-parole et ses militants se dévouent à représenter et à faire triompher sur le reste des individus constituant la société.

1 - Objet d'analyse

Toutes les organisations qui ont ou qui veulent avoir des projets pour les sociétés humaines préfèrent par ruse ou euphémisation au mot « *parti* », dans leur sigle des vocables plus génériques, plus consensuels dirons-nous, tels que : union, alliance, rassemblement, centre, fédération, etc. Ces derniers sont plus ambiguës et donc plus fluides que les expressions mouvement, ligue ou front à consonance plus militante, plus radical.

Le gouvernement d'un État n'est ni plus ni moins qu'un parti politique qui a accédé le temps d'un mandat au pouvoir par rapport à une autre formation concurrente qui attend son tour !

La concurrence entre partis politiques n'est que pure forme pour les Stratèges, ces marionnettistes qui pilotent dans les coulisses les affaires publiques. Aussi, ces stratèges mettent en concurrence les partis politiques entre eux. Ainsi, partout dans le monde, on les voit aménager des moyens de coercition comme l'interdiction d'organisations ou de partis, la répression de leurs membres pour cause d'« *atteinte à la sûreté de l'État* » ou « *troubles à l'ordre public* » ou encore actuellement, thème très à la mode, d'« *actes de terrorisme* ». Le temps de son mandat et bien après, un parti politique se confond avec l'État, il correspond à un groupe parlementaire, à une entreprise [Finance, Banque], à un groupe d'intérêts, à un mouvement social élitiste [Bourgeoisie], et cela est un paradoxe malgré une armée de membres issus de la plèbe à leur service qui les plébiscitent et qui leur sont totalement dévoués.

Les têtes pensantes des partis proviennent de formes associatives occultes [sociétés secrètes]. Ils régissent des groupes d'intérêts, orientent les syndicats, mènent les mouvements de défense de l'environnement, emploient les fondations ou O.N.G., manœuvrent les réseaux associatifs, appuient la création de partis dans les prétendus « *processus de démocratisation* », gèrent les associations culturelles, religieuses.

2 - *Le juridique du parti politique*

Des indications juridiques ont été crées par et pour les partis politiques pour leur reconnaissance ou leur encadrement dans des lois de financement public. Ainsi, les partis politiques influent sur la formation de la volonté des populations du fait de l'ampleur du groupe d'intérêts, de la consistance de leur organisation, des moyens dont ils disposent, de l'effectif de leurs membres et leurs activités sur la scène publique. Ils présentent, selon eux, une garantie sérieuse de leurs objectifs, de leurs projets de société.

La Constitution ou la loi qui est une affaire des Stratèges délimite les territoires et les sphères d'influence des partis politiques au regard de la théorie démocratique, établissant ainsi des règles de bon voisinage. Le financement public alimente la structure et le fonctionnement des partis. Ces législations, rappelons-le, créées par ces mêmes partis politiques, c'est à dire leurs adeptes siégeant et légiférant [Parlement, Sénat], autorisent la concrétisation de leurs idées en leur permettant de bénéficier des avantages liés à ce label : financement public, accès gratuits aux médias, et surtout droit de désigner des candidats aux élections [présidentielles, législatives, communales, etc.].

Le comble de l'ironie est que c'est par l'imposition de la population [contribuables] ô combien abêtie que la pérennité des politiciens et des partis politiques est financée et garantie !

3 - *Le parti, une structure durable*

Les partis politiques utiles au grand dessein des Stratèges demeurent une structure durable, c'est-à-dire une organisation dont l'espérance de vie est bien supérieure à celle de ses dirigeants en place qui eux vont et viennent, apparaissent et disparaissent. En effet, ces derniers développent des rapports réguliers et variés avec l'échelon national et international. Au mieux, ils aspirent à une volonté délibérée à ce que leurs dirigeants nationaux et locaux prennent et exercent le pouvoir, seul ou avec d'autres « *collègues* ». Au pire, leur « *job* » est d'influencer leurs prétendus « *adversaires* » au pouvoir. Quoi qu'il en soit, leur souci primordial est la quête éperdue du soutien populaire à travers les élections ou de toute autre manière dont ils ont le secret, l'art et la manière.

Les parti politiques ont tous cela en commun, à savoir la vocation de procurer à leurs chefs le pouvoir étatique [Présidence] et à leurs militants actifs une opportunité de les courtiser [fonctions étatiques, traitements confortables, avantages personnels, etc.] afin d'accéder à la *coterie*[24] et/ou à l'esprit de celui-ci et de poursuivre les objectifs de la direction centrale. Par conséquent, un parti politique est un rapport social basé sur un compromis d'intérêts.

4 - Invention du parti politique

Les sociétés secrètes les plus influentes [Franc-maçonnerie, Rose-Croix, par exemple] sont de par leur nature l'unique « *parti des partis politiques* ». En effet, on ne verra jamais de partis économiques, de partis culturels, de partis cultuels ou encore de partis sociaux.

En conséquence, l'œuvre magistrale de ces puissantes sociétés secrètes ou occultes n'est ni plus, ni moins que la création de « *la Politique* » et son corollaire les clubs communément appelés *partis politiques*. Si les premiers, les vrais décideurs [marionnettistes], opèrent dans l'ombre, les seconds, sans réel pouvoir [marionnettes] agissent publiquement, au vu et au su de tout le monde.

---

[24] *Coterie.* Groupement de personnes se soutenant mutuellement, en cherchant par la lutte ou l'intrigue à faire prévaloir leur[s] intérêt[s] commun[s].

Quoi qu'il en soit, la notion de « *parti* » est intimement liée à la fabrication du processus du *suffrage*[25] [le célèbre vote].

5 - *Le suffrage universel, une fabrique de la Politique*

Les partis s'investissent du rôle de planificateurs et les seuls tenants de de la médiation populaire. Quand le suffrage fût imaginé et institutionnalisé, ses inventeurs ont mis un soin tout particulier à faire main basse sur la société en régulant la population humaine et en proposant des programmes et des candidats. Ainsi sont apparus les « *machines politiques* » aux Etats-Unis vers 1830, en Angleterre dans les années 1860 ; en France après 1880.

La vulgarisation du suffrage est contemporaine de la popularisation de l'éligibilité. Les producteurs et les produits des partis politiques inoculent des croyances, des problématiques originales aux ressources et aux enjeux illimités dans la sphère existentielle des individus, des populations et par extension des sociétés humaines.

Les partis militantistes se créent par l'agrégation de tout type d'organisations déjà hautement spécialisées tels que comités électoraux, rassemblements de parlementaires, ordres de professions libérales, associations des médias, sociétés secrètes, etc. A cela s'ajoutent des structures multifonctionnelles comme les cercles, les clubs, loges, mutuelles, ligues, fédérations, etc. ; enfin tout ce qui susceptible d'établir des attentes sociales fortes. Ils inventent

---

[25] *Suffrage*. Déclaration exprimant, habituellement oralement ou par écrit, l'avis de celui qui est appelé à faire son choix dans une délibération, dans une désignation, dans une élection.

pour les notables les moyens d'accumuler des ressources financières, socioéconomiques et de gouvernance. La création des partis politiques produit inéluctablement la professionnalisation de leurs activités. Dès lors, le politicien vint se confondre avec la politique au point de vivre « *de et pour* » celle-ci grâce aux finances publiques [indemnités parlementaires, traitements du haut-fonctionnariat, postes créés dans les partis etc.] et privées [cotisations des membres, lobbys, etc.].

Sachant que ce sont toujours les mêmes individus qui gouvernent que ce soit un Etat, un parti ou une loge, la conversion de ces notables en *Sauveurs* en brandissant les leurres du symbolisme [démocratie, justice, liberté, fraternité, égalité, etc.] se voient gratifiés de mobilisations partisanes et populaires qui renforcent leurs acquis.

6 - *Démocratie de façade[26] ou officielle et dictature occulte[27] ou officieuse des partis politiques*

Depuis la fin du XIXe siècle, les partis ne cesseront d'envahir tous les aspects de l'existence des individus. Ils conditionnent la population et la société par leur sphère d'action en monopolisant la fabrication et la sélection des élites [armée, grande bourgeoisie, haute finance] politiques dirigeantes par leur ingénieuse trouvaille : l'*élection*. Cette dernière n'a rien de « *démocratique* », elle annonce une « *démocratisation* » virtuelle, de façade ; au contraire elle n'est que la ratification du pouvoir social patent, l'approbation

---

[26] Apparence souvent trompeuse. Qui n'a que l'apparence de la réalité.

[27] Qui agit en secret ; qui reste dissimulé et secret.

occulte de l'autocratie financière. En effet, la population et donc la société sont mises sous tutelle de la dictature bancaire, de l'autoritarisme budgétaire, de l'absolutisme financratique dirons-nous. Les partis champions de la revendication, du monopole, de la production et de l'échange des biens et prérogatives exigent encore la liberté absolue de l'exercer professionnellement. En effet, dans ce type d'activité, la transaction *politique* électorale, consiste à s'appliquer à promettre, à faire espérer, à faire attendre, à temporiser, à faire patienter les niais subjugués par leurs discours calculateurs sur des symboles, des idées saugrenues, des programmes virtuels mais tout de même en s'appuyant sur des biens publics biens réels. Les services *clientélaires*[28], les bienfaits personnalisés, les faveurs aux réseaux familiaux et les engagements socioéconomiques sont partis intégrantes de l'exercice du politicien ou « *professionnel de la politique* ».

Ce type d'arrangements est la pierre angulaire souscrivant la mobilisation et la pseudo-démocratisation électorales. Les entreprises politiques créées sur le patronage s'établissent sur ces échanges basés sur la fidélité constante et familiale et sur de purs échanges calculateurs [finances, contrats et emplois privés et publics, relationnel, etc.]. La constitution des partis est basée sur le degré de bureaucratisation des États et sur le niveau de ressources étatiques auquel les promoteurs politiques peuvent disposer afin de gratifier leurs partisans. Historiquement, la bureaucratisation précède la démocratisation.

---

[28] *Clientélaire.* Basé sur le fait d'avoir une clientèle électorale, c'est-à-dire des électeurs auxquels vous avez rendu service et qui votent pour vous pour cette raison.

La construction et la consolidation des partis et l'*adeptisation* ou *partisation* ou encore la politisation des individus, de la population et finalement de la société passent par l'imagination et la fabrication de technologies partisanes, l'homogénéisation des actions dans l'organisation, l'observation de pure forme du pluralisme et des décisions des suffrages, et pour finir, le recommencement des campagnes électorales. Pour les uns, les partis sont [approches libérales] inhérents à la démocratie, il s'agit de corps intermédiaires inéluctables voire indispensables entre la population dirigée et les nantis dirigeants ; pour les autres, ce sont des représentants des classes sociales obligatoires ; ou encore pour d'autres, les partis sont des organisateurs de la compétition démocratique.

Quoi qu'il en soit, la démocratie est un terrain de jeu qui permet à la société clivée en partis de se distraire à ses dépens[29].

La notion de parti est inhérente à l'idée de discipline et de centralisation. Les discours et les palabres incessants des partis politiques, véritables salles d'anesthésie, ne servent qu'à conquérir le pouvoir et à s'emparer de l'appareil et des outils de l'Etat.

Quelle que soit leur tendance, leur opinion [libérale, socialiste, républicain, démocrate, extrémiste, intellectuel organique, parti de classe, révolutionnaire professionnel,

---

[29] Nas E. Boutammina, « Une société sans politicien, sans parti politique - Concours National aux Fonctions de l'Appareil Etatique [CNFAE] », Edit. BoD, Paris [France], mars 2018.

idéaliste, utopiste, etc.], l'idée générale est que ces partis ne peuvent se concevoir que disciplinés et centralisés afin de permettre le contrôle des relations sociales.

7 - Le parti politique comme entité

Dans la conception des fabricants des partis, ceux-ci sont considérés comme un acteur collectif obligatoire agissant par ses représentants. Les partis regroupent des individus qui professent la même idéologie d'où la quête de filiations culturelles idéologiques, par-delà les frontières nationales [conservateurs, libéraux, agrariens, démocrates-chrétiens, sociaux-démocrates, socialistes, communistes, populistes, fascistes, écologistes, religieux, etc.].

Le parti revendique toujours son identité qui est l'objet de *luttes* d'identification et de catégorisation. Non seulement on [marionnettistes : Stratèges, Financiers, Stratèges financratiques] leur permet seulement par pure forme, « *officiellement* », en public, devant la population et leurs sympathisants de choisir leurs alliés, leurs adversaires mais en réalité, « *officieusement* » tout parti est soumis à un seul type idéologique qui l'enracine à sa volonté.

Le clivage de la société approche classique du vieil adage « *diviser pour mieux régner* » où division idéologique, partisane, socioéconomique, religieuse, etc. développe naturellement des compétitions [politiques], des luttes d'intérêts entre les classes sociales et les fractions de classes existantes. Les partis politiques sont le reflet et l'expression établis et institutionnalisés de ce clivage. Celui-ci permet de prendre en otage et de répartir les opinions de la population, c'est à dire des électeurs de diverses branches et à diverses échelles [matérialiste et post-matérialiste, sécularisme et cléricalisme, droite et gauche, écologiste, etc.]. Par ces approches, on comprend mieux les partis dans leurs enracinements et leurs significations sociaux. Elles traduisent, attestent et institutionnalisent des fractures sociales dans des sigles, des slogans, des symboles, des croyances, des représentations et dans des systèmes d'action.

Le plus diabolique dans tout cela est que les partis sont vus par leurs membres et par les autres, le bétail humain, comme des intermédiaires essentiels, des « *Sauveurs* » érigeant une sorte de liens d'égalité, de partage, de justice, de fraternité, de liberté, de démocratie, etc. entre les individus et les « *Bienfaiteurs* », les décideurs. Selon eux, leur raison d'être est de secourir et de protéger les gouvernés en créant une solide relation avec les gouvernants.

Le parti s'intronise pour ne pas dire s'autoproclame comme une institution destinée à intervenir dans le processus de décision idéologique en se présentant comme le canal de la réglementation de l'obligation politique. Les partis sont comparables aux prédateurs par leur genèse, leur institutionnalisation, leur enracinement et leur nombre dans les diverses configurations sociétales.

Par leurs bavardages incessants, les partis font croire à une lutte d'idées, de points de vue concernant les perspectives sociétales, les résolutions citoyennes, la prospérité de la société ; mais en réalité, il s'agit d'une pseudo-confrontation réglée entre les firmes [partis politiques] tentant d'optimiser par la communication leur accession au pouvoir sur le marché surtout électoral. Le degré de sophistication financier et médiatique [équipement, information illimitée, stratégie convaincante, etc.] varie selon les partis qui ont tous pour caractéristique d'être consciemment ou inconsciemment, directement ou indirectement [marionnettes] sous la tutelle de « *régisseurs* » tapis dans l'ombre [marionnettistes].

8 - *Le parti comme acteur social : une illusion sournoise*

En pénétrant dans les boîtes noires partisanes, on découvre que ces entités abominables que sont les partis développent et répandent l'idée de relations sociales structurelles et organisationnelles en utilisant les concepts de productivité, d'entreprise et de réseau.

Le parti suit une logique structurelle ou organisationnelle, celle d'une construction qui révèle une structure membraniforme [électeurs, adhérents, sympathisants, militants]. L'institutionnalisation d'un parti suppose un changement de nature, le passage d'une organisation à une institution. Aucune ambiguïté concernant les partis dont l'accession au Pouvoir est la règle et dont l'ensemble de la stratégie est coordonné vers des objectifs « *politiques* ».

La trajectoire sociale des dirigeants des partis se comprend à la lumière de leurs cadres cognitifs, matériels et interactionnels qui les ont produits et transformés. Les agents efficients de la Politique et leurs organisations [partis] sont les éléments essentiels d'un jeu auquel ils prennent part et qui leur permet ainsi de marquer leur course sociale propre et leur degré de professionnalisation. Un parti politique est un espace clos simultanément de complicité et de concurrence entre des agents d'une même firme

[Système] disposés de telle sorte qu'ils font croire aux yeux du monde qu'ils luttent pour le droit des individus, de la population, du bien-être de la société. Ainsi, les politiciens s'expriment au nom de cette entité qu'est le parti et de son caractère supposé « *collectif* » par de vives *plaidoiries*[30] et qui, en réalité, ne sert qu'à entretenir leur existence ou plutôt, la croyance en eux. Conséquemment, ce qui importe en fait pour le parti, c'est l'espace barricadé de leurs agents intéressés au succès de leur entreprise et les généreux « *investisseurs* » aux capitaux illimités. Finalement, tout tourne autour de la « *stratégie financière* » [Stratèges & Finances].

Le parti se confond avec l'entreprise. En effet, le terme « *entreprise* » prend ici toute sa signification dans le champ lexical : biens, capitaux, marché, intérêt, profits, offres, investissements, stratégies de vente, contrats, emplois, etc. Il s'agit d'insister sur la notion d'activité des agents ou dirigeants du parti en tant qu'*entrepreneurs* : spécificité de leur travail, de leurs « *placements politiques* », de leur particularité en tant qu'*entreprise politique*. Les faits qui se déroulent devant nous au quotidien [ceux médiatisés] ne nous démontrent-ils pas que les acteurs « *politiques* » [parti au Pouvoir ou non] eux-mêmes ne sont-ils pas des chefs d'entreprise « entrés en Politique » et déclarant aménager leur parti comme des « *sociétés* », au sens financier du terme. Les activités partisanes ne s'assimilent-elles pas à des activités boursières ? Leurs ancrages sociétaux ne sont que des démarches commerciales où est développée l'idée de :

---

[30] *Plaidoirie*. Défense argumentée en faveur d'une personne, d'une idée, d'une institution.

réseau, influence, système d'action, milieu partisan,
entreprise, institution, compétitivité, gain, finance, etc.

La notion de parti pour leurs concepteurs se définit
comme des manifestations d'emprise consolidée entre des
groupes ou des organisations, entre deux groupes organisés,
entre une organisation et un groupe social [classe salariale,
par exemple], entre une entreprise politique locale et un
milieu social structuré en organisations [Financrate] ou
entre des agents multi-positionnés possesseurs de ressources
individuelles et collectives [fraternités, compagnonnages,
clientèles, relations de voisinage, élus et groupements d'élus,
etc.].

9 - *Œuvre sous-jacente du parti politique*

Le parti et son œuvre, la Politique, émanent d'esprits
malfaisants. Une telle entreprise s'est structurée de manière
sophistiquée autour de pensées démoniaques. La doctrine
sous-jacente élaborée et systématique de tout parti politique
signifie qu'elle se place de manière à faire obstacle à l'Ordre
et à faire ressortir de ses adeptes leur véritable nature, ce
qu'ils ont d'essentiel, à savoir un caractère qui dissimule leur
véritable personnalité et affecte, le plus souvent par intérêt,
des opinions, des sentiments ou des qualités qu'ils ne
possèdent pas.

La figure du parti politique comme adversaire aux
principes positifs [moralité, empathie, générosité, etc.]
humains a été élaborée pour lester la chute de l'Humanité.
Si les objectifs réels des partis politiques restent voilés, son
emprise sur l'individu et la population est par contre
largement souligné.

a - Parti politique dans la gestion du Désordre

Réfléchissant sur ces données, les « gens doués d'intelligence » ou « les gens qui raisonnent » ont décelé des indications, parmi lesquelles le but inavoué des partis politiques est une doctrine d'origine malfaisante. Il existe, selon celle-ci, des esprits terribles, les politiciens qui sont des êtres *méphitiques*[31], telle est leur nature. Il faut bien préciser que sous couvert d'humanisme, de partisans du bien, tous les partis politiques et leurs adeptes sont des insensés et que le Désordre insaisissable au premier abord provient de leurs actes libres. Il faut reconnaître que dans tout acte malfaisant se cache un esprit malveillant happé par une déviation de la volonté normale, de la morale normative : l'humanité. Par « *humanité* », il faut comprendre l'ensemble des caractères spécifiques de la nature humaine, c'est à dire la bonté, l'empathie, la bienveillance de l'homme pour ses semblables. Le premier acte par lequel tout parti politique s'oppose à l'humanité, dès sa création, est sa *dialectique*[32] du mensonge, un élément fondamental du Désordre. Tout parti politique insinue frauduleusement qu'il œuvre pour l'intérêt public. L'adhésion à sa doctrine, l'adepte ou le sympathisant est ainsi déchu de son innocence, de son humanité élémentaire et se trouve en état de *partisan*[33]. Dans cet esprit s'entrecroisent deux registres d'expression :

---

[31] *Méphitique. Au fig.* Qui corrompt l'âme, l'esprit.

[32] *Dialectique.* Qui se rapporte au raisonnement dans sa structure et dans ses règles.

[33] *Partisan.* Personne qui prend parti pour quelqu'un [dont il partage, défend les idées], pour un système, une doctrine, une théorie. Personne attachée, dévouée à quelqu'un dont elle prend le parti, dont elle défend les intérêts.

l'un subjectif [la malfaisance, les privilèges, le Pouvoir, l'Autorité, etc.], l'autre objectif [parti politique, l'empire du parti politique, le règne du parti politique]. La propension au Désordre est une nature exprimée comme un esclavage sous la tyrannie du parti politique. Le parti politique libère le cœur de ses dirigeants des contraintes de la morale et de l'humanité. Il n'y a de salut existentiel qu'en la croyance zélé au parti politique. Le but du parti politique n'est pas tant de semer le Désordre que d'empêcher les hommes de croire en eux, en les faisant douter de leur humanité. Les partis politiques sont une sorte de réplique démoniaque de la déshumanisation[34], une incarnation ou une personnalisation historique des démons et des damnés.

b - *Les tactiques du parti politique*

Les modes d'action des partis politiques sont diverses. Le premier, la séduction, est le mode commun. L'individu séduit est éprouvé par sa propre convoitise qu'il se fait du parti qui serait soit anonyme, soit attribuée au plus méritant, à l'initié. Aussi, derrière chaque désir, si minime soit-il, se cache une influence funeste, supposant une présence permanente et collective des partis politiques.

Directement ou indirectement, les partis politiques sont bien la cause de tous les problèmes existentiels et, par extension, anthropologiques [socioéconomiques, culturels,

---

[34] *Déshumanisation.* Action de déshumaniser, de faire perdre les caractères spécifiques à la nature de l'homme et à sa condition. Faire perdre les caractères spécifiques à la nature de l'homme et à sa condition. Fait de perdre son caractère humain, humanitaire en dépouillant les relations avec autrui de tout sentiment.

religieux, etc.] puisque ce sont eux qui induisent les populations à se déshumaniser. A la suite de ce premier écart de conduite la nature humaine a été tellement viciée que tous les individus sont tous enclins à être éprouvés par le Désordre.

La propension à semer le Désordre est alors la nature viciée spontanée des partis politiques et donc de leurs dirigeants, de leurs partisans. Ainsi, l'adhésion au Désordre n'est aucunement ambiguë pour les politiciens car elle provient de leur parti ; en tant qu'exercice, elle est permise par les partis politiques en vue du plus grand bien de leurs projets, de leurs œuvres. Les partis politiques sont une force qui clament officiellement qu'ils désirent assidûment le bien commun des citoyens mais célèbrent toujours officieusement la malveillance et le Désordre. Au Pouvoir, leur autorité en son fond a une signification salutaire : elle est l'occasion permise de l'exercice de la liberté pour ou contre le parti politique. C'est pourquoi les partis politiques posent des limites au droit des individus, ou du moins que ces derniers peuvent les contraindre en faisant appel au mythe de la liberté.

« Parmi nos serviteurs, qu'ils soient lucides ou inconscients, nous avons des agents, hommes et femmes, de toutes les opinions politiques : monarchistes, démagogues, socialistes, anarchistes, républicains, démocrates, libérales, écologistes, altermondialistes, communistes… et toutes sortes d'utopistes. Tous, sous des appellations différentes, participent activement au triomphe de notre Système. Ils vouent une allégeance aveugle à notre Maître ! »[35]

---

[35] E. RAD, « Satan, le Maître du monde », Edit. BOD, 2010.

IV - Nature et objectifs des partis politiques

« Lorsque nous détruisons la croyance en Dieu, […] nous la remplaçons du même coup par une nouvelle foi. Celle-ci prend la forme d'un culte, par exemple, celui de la République dont nous nous emparons. Et comme toute religion possède son rituel, nous avons crée spécialement pour cette dernière la Politique, c'est à dire sa liturgie ; un art de gouverner les hommes au moyen de rites tels que des doctrines, des théories, des thèses, de prétendus systèmes de vie sociale, et de toutes sortes d'utopies dont les humains raffolent mais ne comprennent pas !»[36]

« L'affirmation la plus impérieuse de notre Politique se manifeste dans ce que l'on nomme communément la République. Il y a quelques siècles, en concevant un tel système politique, notre Maître a mis ses sages notions en œuvre, mais seules celles-ci sont achevées. »[37]

A - Monde de la Politique : monde obscur

« Politique, parti politique » sont des expressions qui connotent un seul aspect celui d'un *« monde obscur »* : un aspect d'ombre et de tentation. Cette réduction caractérise un appauvrissement considérable des expériences et pratiques humaines. Les partis politiques dont leur apparition peut signifier pour les valeurs de l'être humain

---

[36] E. RAD, « Satan, le Maître du monde », Edit. BOD, 2010.
[37] *Ibid.*

une rencontre avec son propre déclin. Ceux-ci révèlent un polymorphisme pervers qui signifie une phénoménologie des expériences humaines d'une étonnante dimension diabolique.

Les partis politiques s'accompagnent de tout un ensemble caractéristique de symboles banaux et vides, une curiosité en marge de l'interprétation intellectualiste qui doit être soumis aux champs de recherches des sciences humaines qui éclairent le vrai visage de la Politique et des partis sous des éclairages complémentaires. Tout d'abord, il faut citer une recherche en matière de croyance des adeptes de la Politique. De nombreuses études, comparatistes ou non, souligneront à coup sûr maints aspects de l'expérience des partis politiques à l'intérieur des courants de pensées les plus avariées [par exemple l'esprit grec archaïque].

A cela devraient intervenir également les recherches en psychologie et en ethnopsychologie. En effet, les expériences psychiques dont font face les partis politiques sont essentielles afin de bien appréhender leur nature, leurs idées, leurs projets et leurs attentes. Les expériences diaboliques se placent au « *voisinage* » de certains de ces niveaux malfaisants de la nature humaine et sont vécues comme autant d'étapes vers une libération des conditionnements et une mise en sommeil des valeurs humaines saines. Enfin, à la limite de ces deux champs de recherches, la psychologie des profondeurs mentaux des adeptes et des professionnels de la Politique révèle des données très instructives de l'âme humaine comprise comme puissance démoniaque. La rencontre avec l'autorité de la Finance en tant que « *guide* » ou « *ange tutélaire* » des traditions politiques y prend l'aspect d'un dialogue avec le naturel qui dès lors n'est qu'une « *surconscience* » potentielle qui sommeille en eux et qui ne demande qu'à s'exprimer. Il suffit d'une observation sérieuse de l'état de nos sociétés actuelles qui démontrent ces faits.

B - Être et passion inqualifiables

Fait de société trop souvent édulcoré de ce qui le sous-tend, le parti politique est la mise en œuvre de croyances, de techniques, de procédés et d'activités occultes et inavouables dont la haute plasticité et la reproduction inchangée depuis la fin du XVIIIe siècle [institutions, concept, etc.] témoignent de la constance de certaines modalités du fonctionnement de l'esprit de certains humains : adeptes, zélateurs et gourous de la Politique[38]. Européen ou exotique, la Politique et/ou le parti se laisse exporter, à partir de modèles assez bien typés et ayant fait ses preuves au cours du temps [XVIIIe siècle]. Ce qui permet de les identifier, au niveau des implications sociales comme à celles des manifestations mentales, à un système où l'argent et l'autorité, le verbe et le pouvoir, la fermeté et le Désordre entretiennent d'étroits rapports. Aucun travail d'ethnologie,

---

[38] Le mot « *Politique* » avec un « *P* » majuscule signifie le Système c'est à dire un ensemble de méthodes organisées, de pratiques, de procédés destinés à assurer une fonction définie en vue d'administrer les affaires publiques, les évènements existentiels des individus formant une société humaine. Ce Système [la Politique] forme un corps de doctrines, donc une croyance [similaire au type religieux], une construction théorico-expérimentale diabolique, qui rend compte d'un vaste ensemble de phénomènes recherchant des résultats concrets donc à visée pratique touchant tous les domaines existentiels de l'Homme : émotionnels, socioéconomiques, culturels, spirituels, etc.

de sociologie et d'histoire sur le phénomène de la Politique et du parti n'a suscité un quelconque intérêt et qui peuvent, cependant, levé toutes les zones d'ombre qui s'attachent aussi bien à leur définition, à leur explication qu'à leur but inavouable mais ô combien réel !

1 - Les sociétés politisées

Le parti politique fait essentiellement appel aux subterfuges. Par principe, dès qu'il s'agit de lorgner vers le Pouvoir suprême [gestion de l'Etat donc contrôle des affaires publiques], ce dernier, use et abuse de parades. La distance qui sépare les politiciens des sorciers est souvent difficile à fixer. Quoi qu'une différence fondamentale les distingue néanmoins : les seconds pourraient avoir une certaine justification ; les autres n'en ont aucune !

a - La croyance aux politiciens

« Notre maxime demeure : « la fermeté, la violence et la fourberie » ! En politique, la fermeté est la seule gagnante, notamment si elle est sournoise. Celle-ci doit être une aptitude essentielle des hommes d'Etat, une seconde nature, en quelque sorte ! »[39]

La plupart des individus ignore qu'un parti politique, entendu comme tel détient un pouvoir de nuisance. De ce fait, le politicien renferme une nature perturbée. N'importe qui sans scrupule imbu de lui-même peut donc être politicien, et les politiciens ne sont pas moins qu'une source de problèmes pour l'Ordre établi [de la nature, divin, des

---

[39] E. RAD, « Satan, le Maître du monde », Edit. BOD, 2010.

hautes valeurs humaines] une menace dangereuse dont il est un devoir pour chaque individu mentalement constitué de se protéger. La forme qu'a prise cette croyance à la Politique, aux politiciens par les sociétés modernes est révélatrice d'une chose : le politicien est simplement l'homme « *au cœur malade* ». On pourrait tenter de caractériser la Politique et ceux qui la servent suivant qu'elle est orientée officieusement à des fins antisociales en la arborant officiellement à des fins sociales.

Les pratiques néfastes servent toujours des causes justifiées. On ne soupçonne que rarement, pour ne pas dire jamais, le parti politique d'exercer ses talents à l'encontre de l'Ordre établi, de la société. Le personnage du politicien est aussi ambigu que les intérêts du parti.

Comment nomme-t-on un individu et un groupe d'individus qui vivent, prospèrent aux dépens de l'ensemble de la société, de l'ensemble de la population ? Un politicien et un parti politique !

Que caractérise également cette définition ? Un *parasite* évidemment. En effet, un parasite est un organisme animal ou végétal qui, pendant une partie ou la totalité de son existence, se nourrit de substances produites par un autre être vivant sur lequel ou dans les tissus duquel il vit, lui causant un dommage. Finalement *parasiter* c'est l'action de se fixer sur [ou dans] les tissus d'un autre être vivant pour y vivre et prospérer à ses dépens.

Par métonymie, le politicien et le parti se fixent sur l'appareil étatique afin de contrôler les affaires publiques pour y vivre et prospérer à leurs dépens !

C'est en Occident que le rôle du parti politique se révèle le plus important, car il s'accompagne d'une conception suivant laquelle les individus composant la société civile souffrent et que cette souffrance est une punition que la *Destinée*[40] leur inflige du fait de leurs mauvais agissements, manquements ou défauts de vigilance. Donc, tels des naufragés, ils invoqueront les partis politiques en tant que Sauveurs s'attendant à ce qu'ils leur lancent une bouée de sauvetage et qu'ils les extirpent de leurs difficultés existentiels, socioéconomiques, etc. Il est donc essentiel qu'un parti politique exerce un commandement, une autorité ayant la direction, la responsabilité des affaires publiques. Pour ce faire, les subterfuges tels que le « *processus démocratique* » : le suffrage, les *élections*[41], le vote, le référendum ou quel que soit le nom qui lui est donné. Telle une épidémie qui se répand sur tous les continents, ce type de croyance aux partis politiques et à leurs prêtres, les politiciens, fondamentalement analogue à celui de la sorcellerie installe des esprits malfaisants à la tête des affaires publiques de toutes les sociétés. On matraque l'esprit des individus par un arsenal médiaticofinancier pour annoncer que les agissements des partis politiques ne sont guères compréhensibles par le commun des mortels. La conviction à une telle idée y est interprétée principalement en fonction de sa signification pour les individus qui les révèrent. Selon

---

[40] *Destinée*. Puissance [souvent personnifiée] qui selon certaines croyances, réglerait le déroulement inéluctable des événements et les lois régissant l'univers.

[41] Tout type d'élection. Élection municipale, présidentielle, sénatoriale ; élection indirecte, complémentaire, partielle ; élection au scrutin uninominal, au scrutin de liste ; élection des députés, du sénat, etc.

eux, elle les aide à s'intégrer pleinement à la société dans laquelle ils vivent. Ils en viennent à personnifier les agents responsables des partis comme des Saints, des Sauveurs. D'ailleurs ces derniers ne se persuadent-ils et ne se considèrent-ils pas comme tels ?

C - Parti politique et structures sociales

« Cette dernière [la Politique] n'est-elle pas l'art d'aménager la société humaine en fonction de nos intérêts ? »[42]

La croyance au parti politique se traduit par une voracité qui pousse ce dernier à avoir pour principal ressort la convoitise des biens de ce monde, les honneurs, le Pouvoir, l'Autorité. Dans l'univers du cauchemar social les actions sinistres des politiciens y sont pour beaucoup !

Ce sont des êtres capables de camoufler leur nature et leur pulsion malsaines. Un désir insatiable de se comporter d'une manière ostentatoire, vaniteuse expliquent en partie le Désordre profond qu'ils commettent. Souvent, aussi, leur première victime est la société civile. Agissant la nuit à comploter contre l'Humanité et le jour à justifier leurs actes.

Leurs forfaits sont parfaitement occultés. Un politicien exposé à ses forfaits est *homme honnête* calomnié, diffamé à qui on a porté atteinte à sa personne. Dans tous les cas, et ce n'est un secret pour personne que les politiciens sont réputés gens sombres, arrivistes, opportunistes et affairistes [AOA]. Très compétitifs, ils peuvent se révéler très agressifs pour les autres, ceux qui ne partagent pas leurs opinions. Ils

---

[42] E. RAD, « Satan, le Maître du monde », Edit. BOD, 2010.

sont arrogants, susceptibles, teigneux, endurcis dans leur conduite et n'abandonnent jamais.

Dans toutes les sociétés contemporaines, il est d'usage, challenge oblige, qu'un parti politique passe le relais [Pouvoir] à un autre. Naturellement, les directives des Stratèges demeurent les mêmes. Etre politicien d'un grand parti équivaut à prétendre que tous ceux qui y adhèrent s'associent à l'idée que celui-ci [le parti politique] n'est qu'une partie de l'hostilité générale qui existe au sein d'une société, de l'ensemble de la population.

Partout dans le monde, les cultes sont consacrés à la Politique, aux partis et aux politiciens qui conduisent une minorité d'individus, leurs fidèles. Cela expliquerait le malaise de la majorité, les gens désorientés par un tel système : une infime minorité d'individus, les nantis [Financrates] gouverne l'intégralité de la Nation !

L'élément prédominant dans cette analyse est de savoir comment se prémunir de tout risque d'être atteint par la toxine du parti et de ses nouvelles formes politiques. Ces dernières sont liées d'une certaine façon aux situations nouvelles de la vie urbaine et du projet du salariat généralisé. Ce dernier, mode de rémunération du travail par le salaire doit devenir un état, une condition permanente de tout individu occupant un emploi. Les difficultés inopinées et les détresses spécifiques qui en découlent sont alors tenus pour des dommages collatéraux, au même titre que la sécheresse ou la maladie. Voilà le projet de société que la Politique installe et fignole pour un avenir très proche. Aux partis politiques et aux politiciens de l'entériner.

Dans nos sociétés actuelles, la Politique est une religion, comme l'est la sorcellerie dans les sociétés primitives. Le politicien remplace le sorcier des sociétés traditionnelles. Ce schéma est parvenu à s'implanter dans les consciences individuelle et collective. Une problématique surgit, celle de la peur et de l'ignorance, qui réitère l'interrogation sur le malheur existentiel, question ontologique à l'origine de l'Humanité !

1 - Attiser la peur et consolider l'ignorance

La constatation d'un fait majeur est que les épidémies des partis politiques sont l'indice d'une mutation sociale, d'un accaparement de la destinée des sociétés par une même main à l'échelle planétaire. C'est toujours sur un fond pensé et provoqué de troubles, de désordres, de mouvements hétérodoxes que paraissent les grands partis politiques ; ceux qui ont une réelle emprise sur les affaires publiques, sur les actions socioéconomiques et culturelles et de ce fait sur les évènements existentiels des individus.

La Politique s'est muée en une idéologie amalgamant judicieusement les concepts de liberté et d'asservissement, de démocratie et de tyrannie, de fraternité et de haine, les sentiments de cohésion et de confusion, d'abrutissement de masse et éducation élitiste, enfin d'Ordre et de Désordre. Par cette habile dosage, l'alchimie s'est opérée à travers le parti politique qui prône l'ordre de la Politique. Car c'est bien l'ordre social qu'il s'agit de maintenir contre l'engeance des ennemis de cet ordre établi. Zone conquise, place aux efforts de normalisation, d'intégration, d'acculturation déployés par le système de la Politique où s'affrontent la culture savante politisée et la culture populaire, celle du juge qui s'exprime et celle de la victime qui se tait, l'une soutenue par la Finance, l'autre solidaire de valeurs humaines en voie d'extinction. Localisée dans l'espace social comme un phénomène de marges, les partis politiques sont liés dans le temps au vaste programme de cette entité ô combien mystérieuse mais étouffante : la Politique ! D'une manière générale, c'est sur le développement du sens de la cohésion sociale, la surveillance des comportements, l'évocation constante d'un ennemi, un opposant potentiel omniprésent dans le pays qu'a été fondée l'acculturation des masses populaires.

Sorciers[43] et politiciens ont été les vecteurs d'une croyance rigoureuse axée essentiellement sur l'état émotionnel de l'Homme constitué d'appréhension et de trouble qui accompagne la prise de conscience ou la représentation d'une menace ou d'un danger réel ou imaginaire que la Politique sait si bien exploiter et que les partis politiques savent si bien exprimer, en le soumettant par des discours hermétiques dans le but de convaincre, de duper ou de séduire. Ce type de manœuvre a modifié la vision du monde dans un sens qui a permis à l'idéologie de la Politique [Système] d'associer lois et châtiments.

On conçoit tout l'intérêt du modèle *démono-politique*, qui parasite, d'ailleurs, le modèle populaire axé sur l'éducation fondée sur les valeurs humaines. Le premier ne renseigne pas uniquement sur la stratégie de la croyance, qui s'établit entre la victime [individu, société] et son bourreau

---

[43] *Sorcier.* Personne à laquelle on attribue des pouvoirs surnaturels et en particulier la faculté d'opérer des maléfices avec l'aide du diable ou de forces malfaisantes.

[politiciens, parti politique]. Il s'agit du point d'aboutissement d'une manœuvre des élites sociales [politiciens, adeptes de la Politique, théoriciens, idéologues], qui se sont servies des hantises humaines pour polariser la peur éprouvée par les individus, au sein d'une société où ils exécutent, par exemple, par de multiples reclassements sociétaux, un de leur projet de société toujours occulté mais ô combien bien défini : « *diviser pour régner* » ! Mais, si le modèle démono-politique fait sournoisement comprendre les raisons de l'acharnement de son pouvoir à annihiler les vieilles valeurs humaines car dépositaires de tenants d'un Ordre ancien des choses, il ne rend suffisamment compte du Désordre à partir duquel il recourt pour cristalliser la société humaine et la façonner à son image.

La Politique a cela de vrai qu'elle ne cesse jamais d'avoir des projets de société pour l'Humanité !

L'enracinement essentiel du parti politique oblige, par ailleurs, à qualifier son emprise de phénomènes paroxystiques qui n'intéresse aucune classe, aucun espace : les *affaires publiques*.

Crime des sociétés aliénées et déspiritualisée, la Politique est née d'un désespoir de l'Humanité à placer son destin entre les mains cette dernière !

Dans le monde vassalisé par la Finance, essence vitale de la Politique, qu'est le nôtre actuellement qui n'a pu construire son avenir et s'émanciper de la tutelle du dieu *Argent* ou *Money* [en angl.] : le *Moneythéisme*.

Moneythéisme provient du mot « *money* » qui signifie argent et « *théisme* » qui désigne la divinité.

Ainsi, le Moneythéisme est la croyance en un dieu : l'argent. Doctrine qui admet l'existence d'un dieu l'*Argent* [money, monnaie], régissant l'existence des individus et des sociétés. Et par extension, comme cause transcendante des biens et des services !

La Politique incarne chez ceux qui la servent une crainte porteuse pour le monde du châtiment social avec son cortège de crises, inflations, guerre civile, etc. !

L'individu domestiqué régresse vers l'image de la société archaïque. Le projet de régression prend forme dans une « *politique* » subversive où tout ce qui est en haut, politiciens étatisés, partis politiques, etc., élevés en dignité, objets de toute la sollicitude et les individus de la plèbe sont, au contraire si bas, si inférieurs qu'ils basculent et tombent dans l'animalité.

La Politique rend malade, en effet ; elle tue aussi. Les pouvoirs dont elle use pour signifier son autorité contre une situation par trop injuste, les fractures sociales, les crises économiques, etc. ne tiennent cependant leur vigueur que de l'efficacité qu'elle leur reconnaît. Or celle-ci ne fait aucun doute dans la mesure où sa nature est, non pas un système de valeurs régi par des lois, mais une force démoniaque, occulte. Le dynamisme de l'imagination de la Politique est aussi actif dans les résolutions lors des sessions des partis politiques que dans celles des décisions lors des réunions au plus haut sommet de l'Etat.

La société y est présentée avec des caractères sociétales sophistiquées, mais qu'accompagnent des aspects occultes. Elle est constellée de signes que seuls les adeptes de la Politique savent décrypter. C'est ainsi que leur interprétation oriente une action étatique, politique dirons-nous, sur tout ce qui concerne la vie des hommes et leur environnement et surtout, ces deux règnes que sont l'économie et l'emploi.

Le même système fonctionne, entre le bien-être et le mal-être des individus. Tous les professionnels des « *affaires publiques* » tels que politiciens, partis politiques, technocrates étatiques [Président, Ministres, Sénateurs, Députés, Hauts fonctionnaires d'Etat, etc.] en tant que régulateurs de forces occultes, interviennent dans un processus complexe où se trouvent impliqués les rapports entre Ordre et Désordre adaptés aux troupeaux humains.

Les notions d'existentiel, de matériel et de spirituel, de l'espace social et individuel, de la sphère privée et publique, d'ici et d'ailleurs jouent dans ce système [Politique] un rôle aussi considérable que celui d'agresseur et d'agressé, de scélérat et de victime. C'est que, comme on l'a fait remarqué, il n'y a pas de politicien « *il n'y a que des diables* ».

Les Mots, les discours, les évènements montrent bien comment le dogme des partis politiques doit être rapportée à une circulation de la force sociale, qui chez le politicien, l'investit dans une quête obsessionnelle de son ego ; par là même atteint dans son « *potentiel financier* » qui s'en sert pour tout amasser dans un circuit mortifère. Cette paranoïa ne peut être contenue que dans la Politique, le système des mots ; elle inonde, et c'est cette fondamentale inondation qui est *occulte* chez le politicien. Ainsi, le caché, l'espace public, la force malfaisante, d'une part, le visible, l'espace privé, le champ d'investissement spirituel ou vertueux, d'autre part, constituent deux registres entre lesquels vit le politicien et les adeptes des partis politiques. Toutes les sociétés admettent et croient en la Politique, les partis. Dans la tradition occidentale, une telle croyance s'est structurée de manière malfaisante autour de la figure d'un leader : cette particularité s'est progressivement précisée par la mainmise du monde par la Finance [Financratie]. Cependant la doctrine politique a toujours été complexifiée, car il ne s'agit pas là d'un objet qu'on puisse mettre en doute et porter atteinte. Les Stratèges [théoriciens politiques et financiers - Financrates] ont depuis longtemps élaboré et systématisé la doctrine sur la Politique [vote, élection, référendum, distribution des fonctions étatiques, etc.]. Il apparaît que ce système désigne un projet de société, idéal selon eux, pour l'Humanité en ce qu'elle a de plus sacré. La figure du politicien comme adversaire de l'Ordre [divin, de la nature] a été élaborée pour soulager l'individu sociétal en le déchargeant de la responsabilité de sa destinée [ontologique, eschatologique].

Les projets sociétaux de la Politique présentent d'abondantes spéculations sur les mauvaises décisions et leurs désastreuses répercussions perpétrées par ses serviteurs [chef et coterie]. Dans ce contexte l'accent est mis sur les faits que traiter les humains comme du bétail souligne le pouvoir de libération des Stratèges. Si l'origine de la finalité de leurs desseins reste voilée, leur empire sur « *ce monde* » est par contre largement souligné. Mais les données héritées de la Politique reçoivent une interprétation nouvelle, dans la mesure où les politiciens et les partis sont situées dans l'histoire du « *nouveau Désordre mondial* ».

Réfléchissant sur ces données parmi lesquelles on peut retenir ici la nature même de la pensée et des actions du politicien qui s'expriment par choix libre : le Désordre [tout comme l'Ordre] provient d'un acte libre de l'individu. Il faut reconnaître qu'il ne s'agit là que de l'interprétation de la nature occulte et mauvaise des politiciens et de leurs partis. Il y a dans cet acte libre d'un esprit démoniaque une contingence radicale, une déviation incompréhensible de la volonté qui apparaît comme un mystère, mais qui admet toutefois l'existence d'un principe de « *semer sophistiquement et secrètement le Désordre* ».

Le premier acte par lequel le politicien s'oppose à l'Humanité et son adhésion à la Politique, puis sa démarche progresse et se développe, ce qui lui vaudra, pour sa carrière d'affairiste public, des titres et des honneurs.

Dans le langage figuré, le politicien induit la société humaine à désobéir à l'Ordre établi [divin, de la nature] : il lui fait croire aux chimères de la *Démocratie*, de la *Justice*, de la *Liberté*, de l'*Egalité*, de la *Fraternité* et autres galimatias symboliques, en insinuant frauduleusement qu'il est le mieux qualifié pour gérer les affaires publiques. En somme un Sauveur !

Deux registres de discours s'entrecroisent : l'un subjectif et officieux exprimé dans les coulisses : la propension au Désordre, la soumission et le contrôle des individus, la

déchéance de la nature humaine, l'affairisme[44], etc. ; l'autre
objectif et officiel : maintenir et noyer les sociétés sous
l'égide du symbolisme [Démocratie, Liberté, Justice,
Egalité, Fraternité, République, etc.].

Sous la direction de la Politique, l'homme a été *libéré* de
la prise en charge de son avenir existentiel et de la contrainte
impitoyable de sa destinée. Si l'Ordre est déjà à peu près
vaincu, il n'est pas entièrement anéanti.

Entre le règne de la Politique et l'Empire de la Finance,
l'histoire humaine se poursuit où les démons à l'air
distingué continuent d'agir. Ces derniers tentent d'extraire
la semence de l'Ordre [valeurs humaines] dans le cœur des
hommes.

Le but de la Politique n'est pas tant de semer le Désordre
que d'empêcher les individus de croire à autre chose qu'à
elle en les abrutissant. Ce qui est le plus grand péché pour la
déesse Politique. Parmi les bonheurs du *royaume politique*,
il en est un que ses adeptes [politiciens] ont cru pouvoir
définir comme le règne à venir de la Finance. Celle-ci serait
une sorte de réplique encore plus démoniaque de la
Politique, une *incarnation* de l'œuvre du Diable. Il s'agit
d'une personnalisation historique des sociétés politisées et
naturellement « *financratisées* ».

*Une chose est sûre la Politique est l'instrument de la
Finance et de ce fait est à son service puisque c'est cette dernière
qui l'a créé !*

---

[44] *Affairisme.* Intérêt pour la finance, les affaires d'argent, la spéculation,
qui s'embarrasse peu de scrupules.

D - Les « *tactiques* » de la Politique

« *La liberté politique n'est rien moins qu'un concept, mais non une réalité. Nous avons conçu ce leurre idéaliste car il nous est indispensable de séduire par ce moyen les populations.* »[45]

On distingue communément plusieurs modes d'action de la Politique, du politicien, des partis. D'abord, la séduction, est le mode commun et peut s'interpréter de différentes manières. Selon leur optique derrière cette séduction [par exemple brandir le symbolisme -démocratie, liberté, égalité, justice, etc.- ou proposer un monde meilleur juste et fraternel], si minime soit-elle, se cache une influence machiavélique, supposant une volonté permanente de détourner l'attention, de diriger les individus vers un autre centre d'intérêt, d'organiser leurs actions selon un plan et des méthodes déterminés en vue de résultats précis ceux des Stratèges, des Financiers.

Ainsi, la séduction est ambiguë et comme surdéterminée : en tant qu'exhortation à croire et à s'en remettre à eux [Politique, politicien, partis]. C'est pourquoi, la séduction en son fond a une signification salutaire : elle est pour l'individu séduit l'occasion légitime de l'exercice de sa liberté.

Les autres modes d'action attachés à la Politique, au politicien, aux partis se caractérisent par des manifestations publiques ayant un aspect spectaculaire [discours-spectacles, rassemblements-théâtraux, meeting-représentations, etc.], une sorte de numéros de show, qui

---

[45] E. RAD, « Satan, le Maître du monde », Edit. BOD, 2010.

est donnée en public ; c'est la *propagation*[46], ou *propagande*[47]
dirons-nous, par laquelle le politicien ou le parti détourne
les esprits de ce qui est essentiel, sérieux ou grave pour leur
inoculer la précarité de leur situation existentielle.

La réalité de ce détournement de l'esprit des
populations, la plèbe, étant attestée par les projets des
financiers, des banquiers ayant toujours institué contre elles
le rituel d'une projection d'un « *futur proche* ». Mais
détournement et mensonge, il est vrai, se complètent, le
détournement des esprits pouvant être une porte par où se
manifesterait les méthodes démoniaques de la Politique
concrétisant des projets tout aussi diaboliques de la Finance.

De toute façon, la signification profonde des
agissements du politicien et des partis demeure occulte pour
le commun des mortels : si l'on pense que le but des
Stratèges de la Finance est d'empêcher les hommes de croire
à autre chose qu'au Moneythéisme, le fait qu'il se manifeste,
simultanément, de manière aussi fourbe et spectaculaire est
une tactique des plus chthoniennes !

Bien que pour les gens doués d'intelligence, la croyance
en l'existence d'un Système puissant et mauvais, la
Politique, est une conception traditionnelle dans les sociétés
actuelles. Les opinions, de la plupart des individus de la
société, relatives au mode et au degré d'accaparement du

---

[46] *Propagation.* Diffusion dans le public d'une rumeur, d'une information,
d'une croyance, d'une doctrine, etc.

[47] *Propagande.* Action psychologique qui met en œuvre tous les moyens
d'information pour propager une doctrine, créer un mouvement
d'opinion et susciter une décision. Par extension, action qui a pour but de
provoquer le succès d'une théorie, d'une idée, d'une œuvre.

monde ont subi de notables variations depuis ce XXIe siècle.

Si les cultes de la personnalité [politicien] et de l'organisation [parti] sont examinés comme diaboliques, ne peut-on pas les considérer comme une entreprise détournant les hommes de l'attachement à l'Ordre [de la nature, de dieu] au profit de celle des idoles [Matérialisme, Moneythéisme, etc.] ? Dès lors, on peut dire que la Politique est une réussite magistrale !

Quant aux hérétiques, leur opposition à la Financratie ne peut être qu'une révolte contre l'autorité de ce pouvoir préétabli, de ce Désordre établi.

En ce début du XXIe siècle, on assiste à un phénomène collectif où la croyance en la Politique atteint des proportions effroyables car la Financratie est rendue encore plus forte qu'elle ne l'est naturellement déjà. On admet son autorité et son pouvoir comme incontestable : instrumentalisation de l'Argent, de la Politique, des politiciens et des partis, des gouvernements, etc.

L'absence d'une sorte de *Contre-Politique*, de Contre-Finance laisse le champ libre à la férocité inconcevable des Moneythéistes[48] qui sèment les Désordres les plus variées et à laquelle participent les populations ignorantes qui s'attachent à ce qui est minable, médiocre, aux futilités,

---

[48] *Moneythéiste*. Qui professe le culte de l'Argent ; individu qui se réclame de la croyance issue de l'adoration de l'Argent. Qui est conforme au système, au mode de vie résultant de la vénération de l'Argent, au caractère qu'il a institué. Par extension, qui est relatif ou conforme aux règles, aux mœurs, à la culture de l'Argent.

détails infimes sans considération de l'ensemble, enfin qui manquent de grandeur d'âme, d'élévation de l'esprit, de générosité. Cela explique la puissance de la Finance et l'étendue des dégâts qu'elle leur a occasionnés et par des mécanismes que les populations ont elles-mêmes mis entre leurs mains. Mais il est certain également que toutes les sociétés à l'échelle planétaire subissent l'effet de sa tyrannie.

Même si elle garde un certain degré de vigilance intellectuelle chez certaines personnes douées d'intelligence, le contexte rationaliste et scientifico-technique actuel a peu d'influence et guère d'incidence pratique en tant que Contre-Politique ou Contre-Finance. Ce déclin de l'attrait pour l'Ordre [de la Nature, de Dieu] va de pair avec celui du sens de l'indifférence. Les individus [Humains, sociétés] deviennent de plus en plus insensibles, détachés ; ils ne sont plus concernés que par une chose : vouer un culte au Moneythéisme et par là aux biens et plaisirs qu'il peut assouvir, c'est rechercher à travers ses symboles les manifestations de leurs significations existentielles.

Le problème de la Politique et donc de la Finance se ramène à celui de la malfaisance, du Désordre [de la Nature, de Dieu]. La réalité de celui-ci est qu'il incarne une puissance déterminée, diffuse, néfaste et fourbe qu'on pourrait ramener à la nature même du Diable. Peut-on penser le Désordre de coterie ou de groupe sans le désigner ou le révéler ? Le double jeu de la Finance [Stratèges, Théoriciens, Idéologues] et de son instrument la Politique [Politiciens, Partis politiques] indique-t-il sa suprême ruse ou son inexistence ?

E - Politique et démagogie

La Politique sert d'instrument aux financiers [Banques] pour concrétiser une réalité : leur domination sur l'individu, les populations. Cette puissance impériale maintient son pouvoir par le symbolisme, le Moneythéisme et une autorité souveraine, civile, militaire, considérée comme une personne juridique et morale, à laquelle est soumise un groupement humain, vivant sur un territoire donné : la *Financratie*.

La Politique au service de l'oligarchie financière est un secret de polichinelle. Ce petit groupe dont la nature profonde est de chercher à accumuler les richesses et à assujettir « *démocratiquement* » les populations. Le projet des Stratèges [politico-financiers] est d'instaurer « *leur cité-Etat idéale* » grâce au système Politique. Sa méthode : recherche de la faveur du peuple pour obtenir ses suffrages et l'administrer. Et c'est là qu'intervient le politicien qui n'est rien de moins qu'un *démagogue*[49] à la solde de la Finance. Après avoir dressé cette force bestiale, c'est à dire amener à l'obéissance les populations en les manipulant par diverses méthodes. Les partis les séduisent et les réduisent subrepticement en usant de l'appareil législatif et judiciaire. Contrairement à ce que croit l'opinion commune, le politicien est, répétons-le, le plus diabolique des hommes. En effet, c'est parce qu'il ne cesse de comploter contre l'humanité, et parce que, son âme, sa raison et sa volonté sont dominées par les pires désirs de ce monde. Et enfin,

---

[49] *Démagogue.* Qui est membre ou chef d'un parti populaire, d'un gouvernement issu de ce parti; qui cherche, par tous les moyens, à défendre les intérêts du peuple.

parce qu'il est évidemment convaincu d'assouvir ceux-ci du fait qu'il a été « *élu* » pour être politicien et qu'il compte parmi les privilégiés de l'école des prérogatives : le parti politique. Le politicien est celui qui se voue corps et âmes aux desseins de la Financratie. L'apologie occulte de la Politique trouve dans une certaine mesure sa justification et sa vigueur au nom du principe de l'inégalité naturelle des hommes et du droit de celui qui détient les moyens de production économique : les nantis financiers et banquiers. Par conséquent, il est évident que les discours du politicien expert en sophisme correspondent à des argumentations fallacieuses pour induire en erreur ou faire illusion. C'est dans l'école des partis politiques qu'est enseignée la pratique de ce type de raisonnement spécieux, de toutes les ressources verbales, de toutes les subtilités permettant de défendre n'importe quelle thèse et d'emporter l'adhésion du public, cette masse ignare.

La grande question est de savoir si la Politique est une forme dégénérée du despotisme financier ou si ce dernier est nécessairement la Politique. Cette dernière est-elle une perversion du despotisme financier, ou le despotisme financier est-il intrinsèquement pervers ?

Quoi qu'il en soit, la Politique use et abuse ouvertement de finesse, de tact et de prudence dans la conduite des affaires publiques, dans les rapports avec les individus [citoyens], les populations [sociétés] en évitant scrupuleusement d'éveiller les soupçons sur ses véritables intentions, celles-ci secrètes ou *officieuses*[50].

---

[50] A noter un phénomène sociologique qui nous laisse perplexe. Le fait d'être en désaccord [avec argumentation à l'appui] avec l'Histoire officielle

Le terme « *Politique* » est sorti du langage des initiés pour devenir populaire. Il s'inscrit désormais dans un espace médiatisé occupé par les politiciens, les journalistes et les intellectuels. L'examen critique de cette notion démontre pour les personnes qui raisonnent que ce terme est péjoratif, de strict usage démagogique et polémique. Il s'ensuit que la nature réelle de la Politique semble se définir par son orientation et son allure pseudo-démocratique. Dans ce cas, il se réduit à une certaine conception de l'idée démocratique.

L'usage rigoureux du terme ne peut être actuellement que restreint : « *Politique* » ne peut caractériser qu'une dimension de l'action ou du discours du diktat financier. La Politique s'incarne dans un type défini de régime gouvernemental [Financratie] et dans des contenus idéologiques déterminés. Elle utilise un style susceptible de mettre en forme différents matériaux symboliques [*Liberté, Démocratie, Egalité, Justice, Fraternité,* etc.] en les exploitant comme une sorte d'anesthésique et en les adaptant à certaines représentations sociales ; de plus, elle s'établit en de multiples lieux idéologiques [*démocrate, conservateur,*

---

ou « *orthodoxe* » ainsi que tenter de faire connaître, de révéler une particularité sur une organisation, un parti, un système, un régime « *politique* ou *financier* », sur la structure et le fonctionnement d'une institution étatique, gouvernementale, etc. de manière à attirer l'attention sur elle ; de faire connaître publiquement une chose de manière à la faire condamner par l'opinion ou de la soumettre à la pensée, à la réflexion en vue de l'étudier, de l'exposer. Tout cela au nom de la Vérité, c'est à dire d'une norme, d'un principe de rectitude, de sagesse considéré (e) comme un idéal dans l'ordre de la pensée ou de l'action et conforme à une affirmation à la réalité et « on » vous invective de : *déviationniste,* de *révisionniste,* de *négationniste,* de *complotiste* !

républicain, communiste, travailliste, écologique, socialiste, libéral, etc.] manipulant la coloration politique du lieu d'accueil. Ainsi, la *doctrine* et les discours programmatiques de la Politique enveloppés de nobles idéaux remplissent une fonction de légitimation aux yeux du public. Elle se sert de compromis dans la tentative de répondre à toutes les attentes des populations, de réconcilier les intérêts opposés ; d'où l'ambiguïté, l'incertitude, voire la confusion de discours idéologiques produits afin de propager le mythe de l'unicité organique de la nation, appelant la solidarité entre les classes sociétales. Le langage grandiloquent de la Politique vise à toujours vouloir gagner du temps par des promesses afin de satisfaire le plus grand nombre d'individus de la plèbe étant donné que les promesses sont la nourriture dont se gave cette dernière pour demeurer placide et obéissante. Les objectifs « *politiques* » fondamentaux sont la paix et la protection du peuple laborieux, la consolidation de la cohésion sociale, le soutien des *droits du travailleur* et leur renforcement sous forme de salariat, l'encouragement de la justice sociale, etc.

La construction de tout parti à vocation « *majoritaire* », allant à la rencontre d'un électorat populaire indécis joue hypocritement sur la carte du rassemblement. C'est là une caractéristique qui se trouve réalisée dans les diverses expériences de la Politique.

La volonté de confier à la Politique la responsabilité des affaires publiques dont celle de l'État, c'est stratégiquement façonner et conduire la transformation sociale ; non pas uniquement de *gouverner*, cela étant déjà « *temporellement* » acquis [par la Finance] mais il est nécessaire de se faire honorer « *mentalement* », ou « *spirituellement* » dirons-nous, par le peuple laborieux qui voit en cela comme une offrande.

Le message est clair pour peu que l'on y prête attention, promettre une évolution sociétale par une dislocation graduelle des solidarités interindividuelles pour prévenir une révolution et l'instauration d'un chaos social néfaste pour les « *affaires* ». En conséquence, la priorité a été portée par la volonté de contrôler let d'orienter les processus de changement économique et social, en se les appropriant et en les adaptant à des exigences spécifiques. Cela, en vue de redonner une nouvelle forme ou de refabriquer une identité socio-collective en douceur sans éveiller les soupçons sur sa rupture, le chômage massif et l'exacerbation des revendications sociales, par exemple.

L'ambiguïté ou plutôt l'habileté de la Politique a cela d'ingénieux, qu'elle s'active à la fois à la manipulation des masses populaires et à leur expression, c'est à dire leur consentir à réclamer ce qui est considéré, selon eux, comme leur revenant de droit. Par conséquent, cette stratégie éclaire la Politique qui voit ses figures, les politiciens et les partis osciller entre la position démagogique et contestataire.

F - *Typologie de la Politique, du politicien*

Il n'est un secret pour personne que la Politique est prise au sérieux par la « « *science* » politique », la sociologie et l'anthropologie ce qui établit qu'elle fait l'objet d'analyses fort variées, mais qui, tout à la fois, illustre l'importance du phénomène [doctrine, idéologie, mouvements] et met en évidence la parfaite obscurité de son concept. À première vue, une approche de la Politique en termes de psychologie consent à signaler un élément central commun à toutes ses interprétations : la conviction qu'un dessein occulte, concerté entre des groupes d'individus, avec l'intention de semer le Désordre, c'est à dire de nuire aux valeurs humaines ou, plus précisément d'attenter à l'Ordre [divin, de la nature] et cela, de diverses manières et organisé par des forces financières, bancaires. La Politique apparaît dès lors comme un confectionneur de substantifs idéologiques en « -isme » : *socialisme, communisme, capitalisme, libéralisme, négativisme, impérialisme, écologisme, révisionnisme, fédéralisme, complotisme, étatisme, fascisme,* etc.

Cette représentation de la Politique revient à la réduire à la vision du chaos, à lui attribuer la marque des forces diaboliques. Cette vision *hypercritique*[51] de la Politique inscrit ses origines lointaines dans une réinterprétation ou fabrication historiographique européenne de la fin du XVIIIe et début du XIXe siècle. Elle a permis d'établir que, loin d'être une conception, une démarche, une manière de penser, tout au plus un état d'esprit, une *philosophie*[52] candide, elle incarne un Système truffé de moyens, d'instruments et de mouvements d'orientation « *réformiste* » et « *progressiste* ». C'est dans cette perspective que la Politique est actuellement défendue par certains milieux intellectuels [Théoriciens, Idéologues, Dialecticiens, etc.] et commanditée par les financiers, les banquiers. De ce fait, la

---

[51] *Hypercritique.* Méthode critique [en philologie ou en histoire] extrêmement ou **excessivement** minutieuse.

[52] *Philosophie.* Réflexion critique sur les problèmes de l'action et de la connaissance humaine ; effort vers une synthèse totale de l'homme et du monde.

résultante est un étatisme centralisateur et omnipotent de cette classe : la Financratie.

Ce Système, la Politique, prône et encourage le fédéralisme, la soi-disant « *démocratie* » directe et le pluralisme culturel. Cette conception arbitraire « *diviser pour mieux régner* » indique clairement l'abîme qui la sépare des motivations et des inspirations profondes des populations.

1 - Jouer sur deux tableaux

L'approche générale de la Politique contemporaine peut se baser sur une distinction simple entre deux pôles du discours des partis, selon que la population est considérée comme bestiale sociable ou « *socio-bestiale* » [ou domestiquée] ou comme bestiale farouche ou *asocio-bestiale* [ou contestataire]. Cette distinction s'illustre par un archétype de parti ou de mouvement politique particulier dirons-nous. Chacun d'eux peut se fixer idéologiquement à droite ou à gauche, se combiner avec une position libérale ou une orientation conservatrice. En tout état de cause, la Politique brasse large.

Dans la Politique asocio-bestiale, l'appel à la population est orienté essentiellement vers la polémique ou la dénonciation des élites, que celles-ci soient politiques, administratives, économiques ou culturelles. Dans ce cas, la Politique prétend que la population se définie comme l'ensemble des citoyens ordinaires. C'est pourquoi, sur la base d'une opposition de façade elle courtise et légitime la population. Cette forme de la Politique peut être représentée comme idéalisant l'image du citoyen laborieux et suspicieux, voire farouche à l'égard des systèmes de représentation qui le dépossède de son pouvoir ou de ses initiatives. La différenciation entre les élites qui dirigent et la population asocio-bestiale qui est dirigée prend la forme d'une contestation dualiste. De ce fait, la Politique justifie l'indication d'un de ses projets centrés sur l'accalmie, c'est à dire sur la réduction de l'écart entre la population, la plèbe, et ceux qui la gouvernent au nom d'une conception toute relative de la démocratie directe censée aider le citoyen laborieux. C'est sur ce tableau que prend forme une des techniques de la Politique : idéaliser le symbolisme, par exemple ici, la démocratie directe, et exhorter corrélativement l'emploi de certains de ses outils dits « *institutionnels* » comme le suffrage, le référendum, etc. afin d'approuver son exercice, celui de contrôler et de conduire les affaires de la population ou affaires publiques.

L'autre type de la Politique est celui du discours qui est adressé aux individus de la population bestiale sociable ou « *socio-bestiale* ». Dans ce cas de figure, elle prône la défense des valeurs du libéralisme économique et de la propriété privée. C'est ce qui séduit certaines catégories sociales : professions libérales, petits et moyens entrepreneurs, paysans, etc., c'est à dire les classes dites moyennes [non salariées].

Quoi qu'il en soit, la Politique confrontent les diverses catégories sociales en les poussant à se stigmatiser les uns les autres, à se voir pour les uns des parasites, à des déviants dangereux [intellectuels, par exemple], des esclaves zélés du Système [Etat, Gouvernement, Administration, Politique, etc.]. On reconnaît la thématique de la Politique et de son

Système qui joue sur la peur socioéconomique dont le déclassement social [chômage, pauvreté, etc.] et se présente, comme une alternative à l'atteinte du bien-être.

La Politique au service de la Finance ne philosophe pas, elle ne se livre pas à des bavardages abstraits, théoriques, elle ne discute pas de choses inutiles, sans intérêt. Elle agit, fabrique des lois et toutes les populations qu'elles soient socio-bestiales ou asocio-bestiales obéissent sous peine de réprimande juridiques, judiciaires et de sanctions [économiques, financières, etc.].

La Politique sait user de symbolisme identitaire. L'appel à la population prend sa signification essentielle, celle de se fixer sur le national : l'appel au « *rassemblement* ». Il s'agit d'un soi-disant appel à la population tout entière, prétendue homogène en faisant abstraction pour un laps de temps des divisions en classes. L'anesthésique dont se sert la Politique sur la population [la plèbe] est de jouer sur sa fibre émotionnelle et lui faire croire à une nation rassemblée autour d'un chef, un « Sauveur » [issu et patron d'un parti qu'il pilote toujours officieusement[53]], dotée d'une unité substantielle et d'une identité constante.

Le coup de force de la Politique est médiatico-démagogique qui lui installe un pouvoir stable. La mondialisation de la communication se proclame également dans cette forme nouvelle et planétaire de la Politique.

---

[53] Ce chef de parti ou Président de la République installe ses amis, sa famille et adeptes de son parti dans tous les rouages de l'Etat [Gouvernement, Administration, etc.], c'est le *copinage*.

2 - De l'ère des masses spectatrices

Les moyens de communication [télévision, presse, Internet, etc.] restent un instrument de la Politique qui lui permet d'exercer son efficacité à la fois sur la popularité de ses acteurs ou comédiens, c'est à dire les politiciens et les partis ; et d'autre part une forte influence sur la nature et sur l'impact des projets qu'elle prévoit et qu'elle fixe pour les populations. Ainsi, la « *vidéopolitique* » ou « *Politique télévisuelle de l'ère médiatique* » est devenue, de nos jours, le point de vue incontournable des leaders politiciens. La vidéopolitique est un facteur de politisation, voire comme le degré absolu de la communication de la Politique, une forme nouvelle de l'abêtissement des individus, des populations.

Le symbolisme plébiscitaire de l'ère des masses trouve dans la vidéopolitique un nouveau style d'accomplissement. L'identification avec le « *Sauveur* » médiatique crée une apathie des « *guidés* » ou gouvernés, les citoyens sont réduits au seul rôle de spectateurs, de consommateurs de spectacles. Bref, la médiatisation de la Politique et de ses agents [politiciens, partis] produit une nouvelle physionomie des populations : celles-ci apparaissent comme insignifiantes, inférieures et seraient donc caractérisées d'incompétentes, d'irresponsables et donc soumises par nature. Conséquemment, les magnats de la Finance instrumentalisent toujours plus leur création, la Politique, d'où se profilerait la « *vidéopolitocratie* » avec l'entreprise des moyens de communication, générant des processus d'animalisation revient à une démission sociétale des individus, voire à un effacement insensible à l'Ordre.

De nos jours, l'engouement que connait les termes de «
Politique », de « *politicien* » et de « *parti* » n'a pas cessé
d'imprégner les esprits. En effet, ces derniers en deviennent
mêmes outrancièrement outrageux.

Pire encore, on en arrive à affubler la Politique de titre
de « *science* », les « *sciences politiques* » ô comble de l'ironie !
Peut-on encore parler d'art pour caractériser la Politique ?
En effet, l'art est un ensemble de moyens, de procédés par
lesquels un certain individu ou groupe d'individus tendent
à une certaine fin, cherche à atteindre un certain résultat, ici,
d'une part, contrôler et diriger les affaires publiques et
d'autre part, surveiller et piloter les populations, les sociétés
humaines.

L'art par sa contradiction avec la science semble adéquat
pour désigner la Politique alors que le contraire semble être
une mauvaise plaisanterie. Ainsi, la science, par définition,
est l'ensemble structuré de connaissances qui se rapportent
à des faits obéissant à des lois objectives [ou considérés
comme tels] et dont la mise au point exige systématisation
et méthode. En dépit de son acception suspecte, la notion
même de Politique est restée fidèle à son sens originel,
pourvu de malignité. Que désigne en effet le mot « *politicien*
» ? Un agent ou un acteur inspiré par l'art de la Politique
qui évalue avec précision les conditions de réalisation de son
« *spectacle* » et qui est chargé de l'interpréter en public. Plus
particulièrement, à mettre en scène les affaires publiques
pour le « *bien* » de la société. L'évolution des mœurs a fait
de la Politique une anomalie, une monstruosité qui ne
dédaigne pas, à l'occasion, de se camoufler sous des signifiés
plus avenants, plus nobles d'attachement à une cause, à une

véracité, à des actions bienfaisantes ou à une entreprise philanthropique, etc.

La Politique et ses représentants [politiciens, partis, etc..] se perdent dans l'usage moderne du concept. Le politicien s'épanouit dans le transport d'une fureur cupide. L'appel est trop démesuré de la Financratie qui a fait choix de sa faiblesse et de sa mégalomanie pour qu'y retentisse une quelconque vérité souveraine. La Politique abaisse et vide de sa substance humaine quiconque s'en approche ou l'utilise. Elle le possède et l'emplit de sa présence maléfique.

Pourquoi se réduire à rien pour recevoir au final le rien ? Le politicien ne verrait-il pas d'un œil circonspect son propre anéantissement et celui qui ne partage pas son sentiment ? Le fait que s'incarne en lui le mandement de la Politique, du parti, de la cause de la Finance l'a élu parmi les serviteurs du Moneythéisme. Légataire d'une fidélité absolue, il n'a de comptes à rendre qu'aux financrates ; et, comme une loyauté d'un ordre aussi élevé exige une obéissance aveugle et une bassesse absolue, elle ne peut qu'en appeler, pour garantir le triomphe de la Financratie. Peut-être n'y a-t-il rien de plus redoutable pour le politicien qu'une pensée qui le sépare de la Politique ?

Comme l'oracle, le politicien croît connaître et tenir la destinée de la société, des individus, des populations. Il installe le fatum, destin politique irrévocable. Ce « *destin* » n'est rien d'autre que la réalisation des projets sociétaux entérinés par les Stratèges, ceux-là même qui échappe à la compréhension des masses.

La Politique se décrit alors comme une infection difficile à éradiquer, Il y faut user de la thérapie du discernement et au besoin du scalpel de la connaissance radicale. Dans ce même répertoire à l'égarement de l'esprit humain la Politique est l'erreur de ceux qui s'écartent inconsidérément de l'Ordre [de la nature, de dieu] et fondent leur foi sur la seule impression discursive de cette dernière et des discours doucereux et soporifiques de ceux qui la servent [politiciens, partis].

La politique souscrit à la cruauté de l'abêtissement appliquée à la masse des insensés stupides qui ne méritent d'autre réprobation que le mépris, assorti de quelques intentions discrètes et appropriées. On reconnaît l'effet de cette nouvelle mouture de l'obscurantisme plaisamment qualifiée de progrès civilisationnels et réformes sociétales.

Nos sociétés actuelles en sont le parangon. Il faudrait plus qu'un combat épique de la connaissance contre la Politique, monstre jailli des ténèbres financières et vomissant le Désordre dans la noirceur des esprits populaires moneythéistes.

La Politique est le plus cruel despote de l'empire du Désordre qui rompt imperceptiblement tous les liens de la société. Par « *liens de la société* », n'est-ce pas ce qui relie les hommes entre eux : l'Ordre [de dieu, de la nature] ? La modernité ne prône-t-elle pas une société rénovée dans l'Ordre où vivent des populations ordonnées ?

Les gens qui réfléchissent pressentent le danger des mouvements de désacralisation dont la Politique se fait le porte-parole et qui explique l'émancipation toujours accrue de la Financratie. La crise sociale [chômage, inflation, insécurité, etc.] est l'un des épouvantails dont se servent les politiciens et les partis pour faire peur à tous ceux qui sont tentés de s'affranchir de leur influence narcotique.

La Politique n'annonce jamais les ravages de ses grandes idéologies, des causes, des projets nécessairement sacrés, qui seront autant de prétextes à sacrifier sur l'autel du dieu Argent [Finance] des générations d'êtres humains qui crurent à ses délires et aux bavardages sédatifs de ses gourous porte-paroles, les politiciens et les partis.

La référence au dogme de la Politique universelle et à l'intrusion et la dispersion imperceptible du Moneythéisme souligne assez par quel biais l'essence de la Finance se répand et se perpétue dans les idéologies, si profanes, si antihumaines de ce Désordre mondial. Bien que l'œuvre de la Politique fasse la part belle aux facilités outrancières de la Financratie sur l'existence de ce bétail humain, il faut lui accorder le don d'avoir imaginé que, sous les habits du progrès, de l'émancipation, de la République, de la liberté, de la démocratie et d'autres subterfuges liés au symbolisme, la Politique sacrificatrice ne perd rien de sa volonté à satisfaire le royaume de la Financratie.

3 - L'esprit de la Politique

Outre qu'elle s'accorde avec le sens financier ou bancaire, l'idée qu'il n'y a de Politique que dans le règne de l'Argent trouverait aisément à se confirmer dans le fait que celui-ci est partout présent où règne le pouvoir des banques sur les individus et les sociétés et l'autorité du profit sur ses derniers. Tant que les humains, persuadés d'obéir pour l'intérêt commun et impuissants à orienter et à gérer leur destinée, ils continueront à s'agenouiller devant l'autel économico-financratique à la promesse d'un réconfort que leur misérable attitude leur interdit d'obtenir. Le châtiment continuera de les tourmenter et de les projeter dans un avenir illusoire où ils sont assurés d'être les grands perdants. Une telle perspective demeure assurément un succès permanent des entreprises économico-financratiques, un régime totalitaire qui n'a jamais eu de peine à abrutir et à exalter le citoyen [symbolisme, suffrage, etc.] à qui le culte de l'État et la croyance d'un pouvoir infaillible assureraient le secours existentiel et le salut sociétal.

Selon la Politique, il existe une singulière absence des facultés d'éveil de la population qui nuit grandement à la formation de son caractère sociétal, la marque d'une « personnalité » fidèle à l'Ordre [de dieu, de la nature]. La Politique n'ignore pas quels ravages peut causer cette absence qui réprime et refoule les hautes valeurs humaines. C'est ainsi qu'il existe une sorte de puritanisme du Désordre, une subversion radicale qui se laisse débonder, sous couvert de substantifs marketings tels que devoir, rigueur, exemplarité, républicain, etc.

Toute opération ou orientation se défend, s'argumente, se justifie, telle est le Système de la Politique. Le malaise ne vient que chez ceux qui perçoivent le sens caché du jeu de la Politique pour qui examine, avec l'œil de la connaissance les manigances [« politiques », idéologiques, sociaux, etc.] et qui révèle que cette dernière fuit trop souvent les vraies problématiques, les questions posées par une réplique empanachée comme à son habitude du narcotique symbolisme [liberté, démocratie, république, égalité, justice, etc.]. C'est que, indépendamment de toutes les couleurs idéologiques qu'elle prône au travers de ses agences[54] [partis] et de de ses agents [politiciens] la Financratie pilote la Politique qui engage pour telle ou telle idée, tel ou tel engagement, telle ou telle opération, une imposture, voire une nuisance pour l'intérêt général de la société, de l'individu, de l'Ordre.

Comment renoncer son inclination naturelle à celui qui la créer, la Finance, et souhaiter pour la population, la société tout entière [les affaires publiques] un bien-être que l'on lui conteste au départ ? Le mépris pour ce bétail humain en tant que manifestation de la servitude envers les « *Elus* » [financiers, banquiers] conduit naturellement l'individu tout autant que les sociétés à une sclérose du comportement, qui est le terrain de prédilection   et d'élection de la Politique.

L'étanchement de la soif de ce bétail humain par l'abreuvoir des urnes [suffrage, référendum] reste un défoulement qui répond au refoulement de sa frustration à l'austérité de son existence. Ceux qui cherchent à se préserver contre la diablerie de la Politique feraient bien de l'analyser scientifiquement afin d'en découvrir les causes

---

[54] *Agence.* Organismes ou organisations [partis politiques] gérant certaines affaires pour le compte ou au nom d'autrui [Financratie]. Associations [partis politiques] dirigées par des agents [politiciens] et servant d'intermédiaire entre les financrates et certains organes d'exécution étatiques. Organisme s'occupant pour le compte des financrates des démarches nécessaires pour qu'ils bénéficient du bon fonctionnement des affaires publiques.

moins dans la perversité de ses doctrines, de ses opinions, de ses réalisations et de ses projets que dans l'origine et la nature de sa création !

Au service de cette entité malfaisante qui entend dominer et gouverner l'ensemble des sociétés humaines et qui n'a cessé, jusqu'à présent, d'imposer à la terre le concept de ses lois.

Le terme de Politique s'applique en psychologie, à des mécanismes d'acquisition des comportements conditionnés [effet de meute] à la faveur de diverses rencontres, de maints discours qui bousculent la pensée souffrante des auditeurs les stimulant dans les meetings, les réunions, les assemblées, les manifestations, les forums, etc.

Ce schéma élémentaire permet d'analyser les caractères de multiples réactions acquises par le politicien, et de rendre compte d'une part importante de l'adaptations de celui-ci aux conditions de son milieu : le *parti*.

Il permet de mettre en lumière les relations fonctionnelles étroites entre le système de la Politique et les divers membres du parti ; il permet également d'étudier chez le politicien les interactions infiniment embellies entre son ego qu'il partage, en gros, avec les autres adeptes de son parti.

Epuré de tout bon sens, le politicien achève son initiation « *politique* » et arrive au stade de la « *Politique opérante* ». L'initiation est telle qu'à une action du politicien définie de façon opérationnelle, se trouve associée aussitôt, de manière automatique [inconsciente], une rétroaction gratifiante, une promotion dirons-nous.

4 - Les névroses politiques

Semer le Désordre [consciemment ou inconsciemment, directement ou indirectement] associé à des pulsions émotionnelles peuvent résulter de certaines actions particulières de la Politique et du parti. Parmi les phénomènes les plus classiques, on retiendra : les projets de la Politique poussés jusqu'à son paroxysme [instauration du salariat généralisé, de la monnaie virtuelle ou électronique comme instrument légal d'échange, de paiement et d'épargne, d'une présidence mondiale, etc.].

Dans l'état actuel des choses, l'expérience de la Politique n'engendre aucune réaction de défense, tout au plus quelques réactions émotionnelles éparses de certains individus cités souvent comme « *cas sociaux isolés* ». La répétition périodique du signal financratique, c'est à dire une stimulation matérielle et pécuniaire, en faveur des politiciens, des partis et de leurs membres fait alors place à des actions adaptées aux généreux donateurs. Ces derniers résident dans un cadre contrôlé rigoureusement où tout dysfonctionnement de son mécanisme est exclusivement rejeté.

En présence de certaines particularités dans les processus de gestion de la Politique, dont peuvent rendre compte les modalités de l'histoire depuis quelques siècles à laquelle les sociétés et les individus [citoyens] ont été soumis, une telle typologie renvoie à se poser des questions. Encore faut-il y penser.

Bien que, à la lumière des acquisitions [historiques, sociologiques, psychologiques, etc.] sur la genèse et l'utilisation de la Politique contemporaine et à qui profite-t-elle réellement. Il n'est plus possible de s'en tenir aujourd'hui à une explication que la Politique veut bien nous donner d'elle à travers son langage, ses méthodes pseudo-savantes, ses porte-paroles [Stratèges, idéologues, théoriciens, intellectuels, médias, etc.] afin de stabiliser les individus, les populations dans un état végétatif permanent.

5 - Programmation politique

La formation programmée de la Politique et leurs machines à enseigner [partis politiques] constituent une transposition directe des instructions des principes financratiques qui ont été dégagés de leur théorisation et expérimentation en laboratoire. Un projet programmé est généralement présenté aux politiciens [Présidence, Ministères, Administrations, Institutions -Sénat, Assemblée nationale, Congrès, etc.-, partis] par divers canaux de transmission auxquels ils sont appelés à répondre. Le projet est tel que les critères à fixer et les modalités de sa réalisation sont très progressivement acquises, sans erreurs ; les politiciens restent continuellement actifs et œuvrent à un rythme propre qui leur a été fixé [carrière politique, rémunération à vie, prérogatives diverses, etc.]. Le déroulement aussi bien que les principes du programme respectent les règles de la Politique opérante : importance de l'agencement de l'effet dans l'acquisition des données et leur réalisation :

Stratèges [idéologues et théoriciens de la Politique et de la Finance ou politico-financier] → *Financrates* → *réponse* →

*politiciens et partis → opérations [Politique opérante] →
interventions → renforcement + actions → objectif atteint.*

La subtilité des relations entre les divers éléments du
mécanisme miss en évidence dans l'exercice de la Politique
lors de la gestion des affaires publiques doit inciter les
personnes [en quête de savoir sur cette abomination] à
déployer, dans le contrôle de leurs acquisitions
intellectuelles, des moyens pour le moins aussi élaborés.
C'est la raison pour laquelle une didactique est nécessaire
pour qui veut se conformer à ces exigences. En effet, le
recours à des notions scientifico-déductives, voire
théologiques [qui au départ doit être elle-même soumise à
une sélection, une critique impitoyable par la Science] sont
essentielles. C'est à ce moment là, et seulement là, que l'on
pourra riposter adéquatement à la complexité du Système
de la Politique !

Il est important de noter que l'enseignement que l'on
doit tirer de la Politique n'exclut aucunement, dans
l'explication de sa compréhension intellectuelle, les notions
telles que : critique analytique, réflexion, esprit
mathématique, créativité, etc. En effet, elles ont une
signification et peuvent servir de point de départ dans le
discernement de la nature exacte de la Politique et le cas
échéant envisager l'affrontement.

Les comportements anormaux observés dans le zèle des
politiciens à souhaiter ou à désirer ardemment le Pouvoir,
et ainsi disposer de l'Autorité de seconde main sur les affaires
publiques ne sont généralement que l'expression des
troubles de la personnalité sous-jacents, un désir refoulé de

semer le Désordre « *légalement* » et de le faire passer pour des réformes fidèles au progrès sociétal, civilisationnel.

Pour être un aspirant, un disciple ou encore un initié dirons-nous, et appliquer son esprit à l'acquisition des rudiments de l'enseignement de ces différents arcanes, il est essentiel de disposer et de tenir des comportements aberrants pour faire partie constitutive de la sélection. L'idée d'un terrain psychologique prédisposant à être assidu à l'école de la Politique est une condition *sine qua non*[55].

Une simple observation concernant le temps incalculable passé à parcourir les meetings, manifestations, réunions, assemblés, rassemblements, invitations médiatiques [vidéopolitique, radio, etc.] ; aux moyens matériels, humains et financiers invraisemblables mis en jeu, etc. incontestablement une typologie comportementale aberrante propre au politicien. Celle-ci lui assure une nature des plus instables pour lui et pour autrui [individus, population, société] et qui fait de lui un semeur de Désordre de tout premier choix.

Le point essentiel consiste à voir dans la Politique un instrument opérant de la Financratie et l'ensemble des faits qui lui sont imputés sont à ramener naturellement à sa totale soumission, simplement masqué ou ignoré.

Hélas, il n'existe aucune étude, aucune analyse, aucun débat du bien fondé, par exemple l'utilité, qu'ont dans la société

---

[55] *Sine qua non.* Locution latine des scolastiques voulant dire : « *Qui est absolument indispensable, sans quoi l'affaire en question ne peut devoir s'accomplir, avoir lieu* ».

[*groupement d'individus*] *la Politique, les politiciens ou les partis !*

« Nous avons fait en sorte qu'il existe toujours deux pouvoirs politiques. Un gouvernemental qui sert de vitrine et un autre qui demeure secret. C'est ce dernier qui est le véritable administrateur ! »[56]

---

[56] E. RAD, « Satan, le Maître du monde », Edit. BOD, 2010.

Conclusion

S'il existe de nos jours pour la plupart des individus une propension en la Politique, elle tient non à la nature humaine mais à sa dénaturation. Que le devoir et la contrainte du symbolisme se concilient avec le sentiment de bonheur individuel et de paix sociale indique suffisamment l'imposture et la machination de la Politique et de ce qu'elle représente à savoir les politiciens et les partis. Chaque fois que l'avancée de la Financratie gagne du terrain, la Politique fait taire et refoule les appels des populations, de la société, qui résonnent dans le tumulte du Désordre !

Le manque de modèle d'Ordre socio-existentiel produit l'augmentation des effets destructeurs du Désordre qui demeure un investissement de la Politique dans son accomplissement des desseins de la Financratie. Cette détermination à marcher au-devant du Désordre et par delà les valeurs humaines les plus élémentaires, à despiritualiser l'individu, à mécaniser les hommes par le salariat n'a-t-elle pas servi de modèle à la Politique et d'enseignement à des générations de politiciens aux écoles des partis ?

S'étonnera-t-on que le mal-vivre n'ait été pour beaucoup que la face cachée des agissements de la Politique ? Que les individus résignés se laissent mourir d'ignorance, d'abrutissement et, plus simplement encore, à scruter le monde qu'avec les yeux de la mort ?

Ôtez des consciences le terme même de Politique que des siècles de mépris de l'homme par la Financratie y ont inscrit, et la Politique s'éteindra faute de combustible. La flamme que la Finance voit briller dans l'œil du politicien est bien la flamme par laquelle se consument, en projetant de consumer le monde, les individus qu'un renoncement quotidien a contribué et qui contribue à entretenir certainement leur mort.

La Politique de la vie n'existe pas, par contre la Politique de la mort existe. Une simple observation de ce monde qui agonise est une preuve des plus patentes !

Faute d'être alimenté en politiciens et en partis, la Politique s'éteint !

L

Leaders politiciens, 92
Libéralisme économique, 90
Liberté, 34
Lobbys, 50
Loi, 31

M

Machines politiques, 49
Maires, 17
Malin, 29
Marionnettistes, 53
Masse ou plèbe, 44
Masses, 94
Matérialiste, 54
Mauvais, 29
Médias, 49
Meetings, 99
Méphitiques, 58
Messie, 38
Ministres, 17
Monde obscur, 63
Moneythéisme, 82
Moneythéisme définition, 74
Mouvement oscillatoire, 37
Mutation sociale, 71
Mythe de la liberté, 60

N

Névrotique, 33

O

O.N.G., 46
Objet public, 29

Ontologique, 76
Oppressif, 29
Ordre, 28, 77
Ordre établi, 66
Ordre des professions libérales, 49
Origine du politicien, 29
Oscillatoire cyclique, 37

P

Parasitage, 45
Parasiter, 67
Parasitisme social, 32
Parlement, 47
Parti politique apparition, 44
Parti politique organisation, 43
Parti s'intronise, 54
Partis politiques, 16
Partisation, 52
Peur attiser la, 71
Philosophie, 88
Police politique, 21
Politicien défie la Loi, 31
Politicien définition, 27
Politicien nuisible, 36
Politiciens, 16
Politique, 15
Politique asocio-bestiale, 89
Politique définition, 17
Politique déviation de l'humanité, 29
Politique opérante, 99
Politique vampirise, 35
Populace, 22
Position démagogique, 87
Pouvoir, 15, 19, 69
Pouvoir étatique, 48

Table des matières